Lasse Los - Verwunde(r)t

Lasse Los, Nachkriegsmodell Baujahr 1947, Diplom-Pädagoge, Psychologischer Berater, Liedermacher und Dichtender, kurzum: passionierter und mittlerweile pensionierter Mitmensch, beruflich in verschiedenen sozialpädagogischen und psychologisch beraterischen Feldern, auch spirituell begleitend, kreativ tätig gewesen, seit mehr als 25 Jahren seine Lebensweisheiten (ver)dichtend aktiv.

„**Verwunde(r)t**" beschreibt in Gedichten und Briefen einen Testlauf in der Kunst des Scheiterns: Das heilsame Misslingen einer Beziehung. Als Gedichtband ist es ein dichterisches Protokoll kurlichtiger Umrundung, kurschattiger Verwund(er)ung, spurwichtiger Erkundung in durchl(i)ebt, durchlittener, neu geschenkter Stundung.

Krüppel-Blüten-Gleichnis

Manchmal find` ich eine Blume,
deren Kelch nur halb erblüht.
Es dient nicht zu ihrem Ruhme
und es geht mir auf`s Gemüt.

Denn die Knospe lässt die Blüte
nur zur Hälfte sich entfalten.
Auch wenn die sich noch so mühte:
F ü l l e bleibt ihr vorenthalten!

So erlebt` ich mein Bemühen,
mein vergebliches bei Dir.
Denn Du wolltest nicht erblühen
in Geschwisterschaft mit mir!

Lasse Los

Lasse Los

Verwundert

oder:

Heil-
sames
Misslingen

*Ein
D-ICH-
terisches Protokoll
kurlichtiger Umrundung,
kurschattiger Verwunderung,
spurwichtiger Erkundung:
In durchliebt,
durch-
littener, neu
geschenkter Stundung.*

**ALLE RECHTE VORBEHALTEN
COPYRIGHT 2016 BY EDITION LOS**

MIX
Papier aus ver-
antwortungsvollen
Quellen
Paper from
responsible sources
FSC® C105338

Bibliografische Information der Deutschen Nationalbibliothek:
Die Deutsche Nationalbibliothek verzeichnet diese Publikation in der
Deutschen Nationalbibliografie; detaillierte bibliografische Daten sind im
Internet über http://dnb.dnb.de abrufbar.

© 2016 Name des Autors/Rechteinhabers: Lasse Los

Umschlaggestaltung: Lasse Los
Edition LOS Band 2
lasselos@email.de

Herstellung und Verlag:
BoD - Books on Demand,
Norderstedt

ISBN: 978-3-7392-2997-3

Inhaltsverzeichnis

Prolog: *Testlauf in der Kunst des Scheitern* — 9

Unverhofft gefunden — 10

- ❖ Frau-Sein — 10
- ❖ Verkrüppelter Baum — 11
- ❖ Unverhofft gefunden — 12
- ❖ Dornenweg der Achtsamkeit — 13
- ❖ K(l)einer — 14
- ❖ Wo wir uns im Hö(he)ren fanden — 15
- ❖ In der Kraft des EINEN GANZEN — 16
- ❖ Bis zum durchlösten Leidensschluss — 17
- ❖ Im Augenblick — 18

Wenn wir frei wär`n — 19

- ❖ Nach der Kur: ALLES OFFEN — 19
- ❖ Im Präsent-Sein uns befrei`n — 20
- ❖ Wenn wir frei wär`n — 21
- ❖ Scheues Gegenlieben — 22
- ❖ Im Zwischen-Uns erklingen — 23
- ❖ Seelenfest — 24
- ❖ EHE es KARFREITAG wird — 25
- ❖ Minnesänger bin ich Dir — 26
- ❖ Begegnung als Präsent — 27

Noch unerkannte Liebes-ART — 28

- ❖ Im All-UMFASSENDEN — 28
- ❖ Kostenlos auskosten — 29
- ❖ Seelen-Kraft-Tankstelle — 30
- ❖ Ent-Scheidung — 31
- ❖ Die Mitwelt durchlichten — 32
- ❖ Im einsichtengetrübten Bann? — 33
- ❖ Noch unerkannte Liebes-ART — 34
- ❖ Dich weiterwa(a)gen — 35
- ❖ Einzig wahrer EHE-STAND — 36

Freundschaftlich umfassen — 37

- ❖ Weg zur Sonne — 37
- ❖ Vom wesenhaften Fühlen — 38
- ❖ Deine Gegenwart erfahren — 39
- ❖ Aufbruch — 40

- ❖ Mich vor mir selber schützen — 41
- ❖ Freundschaftlich umfassen — 42
- ❖ Was verhängt ist - Was geschenkt ist — 43
- ❖ Im aus-gereiften Freundes-Bund — 44

Erquickende Einsicht — 45

- ❖ Gekrönt — 45
- ❖ MEHR-SEHNEN — 46
- ❖ Durchstreich(l)e den Gefühle-Spuk! — 47
- ❖ Gestillt — 48
- ❖ DAS HEIL-ENDE — 49
- ❖ Ursprüngliche Weiten — 50
- ❖ Erquickende Einsicht — 51
- ❖ Gefühle — 52

Grat/d/-Wanderung — 53

- ❖ Kron-Juwel und Kieselstein? — 53
- ❖ Grat/d/-Wanderung — 54
- ❖ Probe-Zeit — 55
- ❖ Leer gewebt — 56
- ❖ Nicht auf Treibsand bauen — 57
- ❖ Vom gestört-lastigen Wippen — 58
- ❖ Wandeln im lausch-aktiven Handeln — 59
- ❖ Wenn Du präsent bist — 60

Kurlichtiges Antlitz — 61

- ❖ Nicht erlaubt — 61
- ❖ Mich in NEUE-WELTEN weiten — 62
- ❖ (Be)nutzen und (Ent)ehren — 63
- ❖ Neues (Sch)wärmen — 64
- ❖ In Freundschaft eingesegnet — 65
- ❖ Sein Wesen - Dein WESEN — 66
- ❖ Kostbarkeit — 67
- ❖ Betört verhört? — 68
- ❖ Kurlichtiges Antlitz — 69

Ich will noch warten — 70

- ❖ Vollgestaltig leben — 70
- ❖ Ich will noch warten — 71
- ❖ Durch-Bruch — 72
- ❖ NEUE (TR)ACHT — 73
- ❖ Benommen — 74
- ❖ Dich-durch-DICH zum Klingen bringen — 75

- ❖ Beziehungs-Freitod — 76
- ❖ Warum nicht mehr? — 77

Verwehrter Pflege-Segen — 78

- ❖ Im Stich (ge)lassen? — 78
- ❖ Vergebens — 79
- ❖ Verwehrter Pflegesegen — 80
- ❖ Mich erträgt kein Leichtgewicht! — 81
- ❖ Bis zum endgültigen EIN-Klang — 82
- ❖ Flüchtige Erinnerung — 83
- ❖ Ich werd` den Winter übersteh`n — 84

Verwunde(r)tes Bedauern — 85

- ❖ ES — 85
- ❖ Verwunde(r)tes Bedauern — 86
- ❖ Lebst Du denn noch? — 87
- ❖ Ich halt` noch immer an Dir fest — 88
- ❖ 12 x Test — 89
- ❖ Elefanten-Täuschung — 90
- ❖ Neu-Anfang — 91
- ❖ Spiegelbild — 92

Es ringt das Gegensätzliche in mir — 93

- ❖ Um´stricken -Úmstricken — 93
- ❖ Es ringt das Gegensätzliche in mir — 94
- ❖ DAS-WAS uns übersteht — 95
- ❖ Segnende SONNEN-Hand — 96
- ❖ Dein Inbild wackelt in den Knieen — 97
- ❖ Ein anderes Glühen — 98
- ❖ Wer sich selbst ver(w)ehrt — 99
- ❖ Entzünde(l)t — 100
- ❖ Wie willst Du leben? — 101

Bereichert weitergehen — 102

- ❖ Kalte Hilde — 102
- ❖ Mir zerbricht mein Eigenwille — 103
- ❖ ...nicht mehr vergegungsfrisch — 104
- ❖ Der Selbstentfremdung krummes Wesen — 105
- ❖ Bereichert weitergehen — 106
- ❖ Ent-Täuschung — 107
- ❖ Zerbrochen — 108
- ❖ Im Lichte Deines WESENs — 109
- ❖ Gutgetan — 110

Epilog: *Heilsames Misslingen* — 111

Nachklang zum Testlauf in der Kunst des Scheiterns — 112

- ❖ Auszug aus der Zwo-Drei-Achtel-Welt — 113
- ❖ Wem willst Du Dich anvertrauen? — 114
- ❖ Traum vom „Kasten Wasser des Lebens" — 117
- ❖ Wohl-Gescheitert — 118
- ❖ Abschiedstrunk — 119
- ❖ Gestalt-Wandel — 120
- ❖ Adieu, Else! — 121
- ❖ Kein WESENs-Weg — 122
- ❖ Das war`s dann wohl! — 123
- ❖ Schatten-ART oder Mustergültig — 125
- ❖ Perlen vor den Säuen — 126
- ❖ Ent-Wahnung — 126
- ❖ Nur noch virtuell — 127
- ❖ Foerdern — 128
- ❖ Bewirtung — 128
- ❖ Im WIR-PRÄSENT — 130
- ❖ VERWESentlichUNG — 131
- ❖ EntTÄUSCHUNG — 131

Ausklang im Nachklang — 133

- ❖ DAS-HOLDE-WOHL — 138
- ❖ Weil Dich das Sonnenlicht bewohnt — 139
- ❖ Verlaufen — 140
- ❖ Noch ist die Trauer nicht gestillt — 141

Sporadisches Gedenken — 142

- ❖ Wesenverwirklichung – Wesenverwürglichung — 142
- ❖ Was hättest Du gewinnen können! — 143
- ❖ Zuschanden — 144
- ❖ Was gewesen – Was geschehen — 145
- ❖ Weg gewischt? — 146
- ❖ Traum von der doppelseitig malenden Porträtmalerin — 147
- ❖ Doppelseits oder Doppelseitige Symbolmedaille — 148
- ❖ Von der heilenden Wirkung unserer Korrespondenz — 148
- ❖ Bitter-Süsser Kelch der Präsentosofia — 149
- ❖ erLESEN — 150
- ❖ Von jedem Vorbehalt befreit! — 151

Prolog

Testlauf in der Kunst des Scheiterns

Du als Frau sprachst mich an in der Winter - Kuren - Zeit.
Wolltest mich nicht als Mann, und so war ich schnell bereit:

Deine Wege zu begleiten, Deinen Nöten zuzuhören,
Deinen Horizont zu weiten, Deine Sichtweisen zu stören,
Dich mit heimischen Konflikten nicht noch mehr zu beschweren,
ihnen vielmehr abzuschwören, Dich aus Deinem Selbstverstrickten
lösungsorientiert zu winden, um die Freiheit neu zu finden.

Als ich nun beim Lösungsringen
blitzartig Dein WESEN
s c h a u t e ,
brach
es
los
in mir:

Ein Klingen,
dem ich absichtslos
vertraute. Doch beim
intensiven Hören
hab` ich mich
gefühlsver-
strickt.

I c h
ließ
mich
von
D i r
betören!

Anfangs
ist`s mir nicht
geglückt, den Gefühlen
abzuschwören. Und es hat Dir sehr
geschmeichelt! Hab` mit Worten Dich gestreichelt!

Bis es Dich begann zu stören im verliebten Eigenbrummen.
Du verzogst Dich ins Verstummen, ließest nie mehr von Dir hören!

Unverhofft gefunden

Frau-Sein

Ein großes Mädchen bist Du noch
und wirst doch bald schon vierzig Jahre.
Du lebst noch unter`m Kinderjoch,
schon dünner werden Deine Haare.

Du bist die Mutter von zwei Kindern,
Geliebte und auch Ehefrau.
Das kann jedoch
den Schmerz nicht lindern:

Erwachsensein ist Dir zu rauh!
Du wolltest nie erwachsen werden,
Du wolltest immer Mädchen bleiben!

Dein Frausein bringt Dir nun Beschwerden,
weil Du Dich sperrst, Dich einzuleiben
in den Dir eigenen Lebensklang
im ehe-r-nen Zusammenhang.

Verkrüppelter Baum

Auch
    der
        verkrüppelte
       Baum
        wird
            von
             der
          Sonne
       beschienen,
       vom
      Regen
       verwöhnt,
     vom
    Wind
      gestreichelt,
        von
       der
      Erde
      getragen.

Unverhofft gefunden

In Dir hab` ich eine Schwester
unverhofft gefunden.

Wir betrauern unsere Nester,
wo wir damals falsch verbunden
wurden in der Kinderzeit:
Eingeritzt und ausgesetzt,
zählen wir zur Minderheit
derer, die zu früh gehetzt
als Töchter und als Söhne,
und obendrein noch ausgenutzt,
unschuldig-schuldig mitbeschmutzt,
betrogen um die Finderlöhne
der ungeschützten Kinderzeit
als Grundstock der Lebendigkeit.

In mir hast Du einen Bruder
unverhofft gefunden.

Wir ergreifen nun das Ruder
unseres Lebens und entbunden
werden wir schon von den Schmerzen
der doch gut gemeinten Schläge.
Wir entziehen unsere Herzen
allem schindenden Gepräge.
Und wir weihen uns dem Einen,
das uns heilsam aufrichtet,
uns durch Trauer, Wut und Weinen
unsere Lebensfreude lichtet.

Und so werden wir verwandelt
in durchlöste Plus-Gestalten.
Endlich sind wir ungespalten!
Alles das, was uns verschandelt,
herrscht nicht mehr in unserem Walten,
west nur noch in unseren Falten.

Als Geschwister haben wir uns unverhofft gefunden.

Dornenweg der Achtsamkeit

Mein Wunsch:
Ihr sollt` Euch nicht verlaufen
in Eurem streitbaren Ringen,
sollt` Eure Seelen nicht
verkaufen.

Ihr
sollt` Euch
nicht vom Weg abbringen,
der Euch noch zueinander führt:
Vom Dornenweg der Achtsamkeit,
dem Eure Zuwendung gebührt.

Damit Ihr bald, trotz Zwist und Streit,
trotz mancherlei Entfremdung,
trotz innerer Zerrissenheit,
trotz selbstverliebter Blendung,
in die gebrochene Zweisamkeit,
wenn auch verletzt, zurückfindet,
im Heilsamen Euch neu verbündet.

(geschrieben zu ihrem Hochzeitstag)

Kleiner

K
-ei-
ner
ist nur
irgendeiner!
Doch die meisten
machen sich
kleiner,
als sie eigentlich
vom Ursprung her
gemeint
sind.

Wo wir uns im Höheren fanden

Und Du, Du hast von mir genommen,
was Du brauchtest, was ich schenkte.
Und ich, ich hab` von Dir bekommen,
was Deine Gegenwart einsenkte
in meine wundgelaufene Seele:

Den Balsam Deiner Menschlichkeit,
ein Lebensbrot aus jenem Mehle
behutsamer Verbundenheit.
Ich hab` Dich lieb gewonnen
in unserer Begegnungs-Kur.

Wir trafen uns auf einer Spur,
in der wir ihm entronnen,
dem abrichtenden Selbstgewicht.
Im Höheren haben wir gefunden,
was uns geschwisterlich verbunden
von Angesicht zu Angesicht.

In der Kraft des EINEN GANZEN

Nur im Licht des EINEN GANZEN
will ich fortan weiterleben.
In ihm die Figuren tanzen,
die mir von ihm aufgegeben.

Lass mich leiten, lass mich weiten
hin zu meiner ENDLICHKEIT
und will kämpfen und will streiten
für globale Menschlichkeit.

In der Kraft des EINEN GANZEN
find` ich meine Plus-Gestalt.

Seine heilen Resonanzen
schenken mir den rechten Halt,
klingen in mir an und aus,
durchtönen die Blockade-Staus
auf dem Weg, mich zu durchlichten.

Bis zum durchlösten Leidensschluss

Ich liebe Dich in jener Weise,
die Dich Deinem Mann nicht raubt,
Dir vielmehr auf Deiner Reise
durch Dein Trauertal erlaubt,
Dich vergangenen Niederschlägen
aufrichtig zu stellen.

In den Schmerzen, die Dich prägen,
wird Dir eine Heilkraft quellen,
die für Dich im Tiefsten wurzelt
und in ihrer Liebesmacht
Dir aus Höchstem niederpurzelt,
Deine Heilung Dir bewacht.

Diese Quellen speisen mich
mit tragik-tragendem Vertrauen.
Durch sie gelichtet, lieb` ich Dich!
Sie heilen aus, sie auferbauen,
was immer schon, vom Ursprung her,
in uns gesät, bei uns gepflanzt.

Sie sind uns Kraft, sie sind uns Wehr
wider das, was uns verschanzt,
unbewusst und ungewollt,
in den eigenen Würgegriffen,
denen wir Tribut gezollt.

Endlich werden sie geschliffen!
Und wir auferstehen im Heilen,
führen uns an jenen Plus-Fluss,
an dem liebend wir verweilen
bis zum durchlösten Leidensschluss.

Im Augenblick

Im Augenblick bin ich dabei,
mich mit Dir zu verlaufen!
Im Augenblick bin ich nicht frei:
Tiefe Gefühle raufen
in mir zu Dir um Oberhand.

Im Augenblick, da lieb` ich Dich
ganz ohne Maß und Schranken!
Im Augenblick verstrick` ich mich
in liebesbunten Ranken,
die mir seit langem unbekannt.

Im Augenblick seh` ich nur Dich,
will unser Glück erzwingen!
Im nächsten Augenblick weiß ich,
das kann-darf nicht gelingen,
denn es zerreißt, was uns verband.

Im Augenblick verklär` ich Dich!
Du hast in mir gezündet!
Und das nicht nur im Augenblick!
Ein Herzensklick verkündet
uns einen neu-befreiten Stand!

Der Augenblick, er wird vergeh`n,
der Augenblick verschwindet!
Jetztseits vom Augenblick bleibt steh`n,
was uns im Herzen bindet!

(geschrieben am letzten Tag der Kur)

Wenn wir frei wär`n

Nach der Kur: ALLES OFFEN

Dankbar bin ich und auch glücklich,
dass ich Dir begegnet bin.
Du wirst für mich unverrücklich
Freundin bleiben in dem Sinn
der geschenkten Wahlverwandschaft,
deren Band wir ausgelotet,
ohne dass wir es benotet
in der Winter-Kuren-Landschaft.

Ich möchte Dir Begleiter sein
auf Deinen Lebenswegen.
Wir schenken reinen Wein uns ein,
entdecken uns den Segen
der EINEN BINDUNG, die uns beiden
noch ALLES OFFEN lassen kann,
wenn wir es nur behutsam meiden,
uns zu begehr`n als Frau, als Mann.

Ich möchte Deine Wunden schützen,
die man so oft Dir zugefügt.
Ich will Dir helfen, auszuschwitzen,
was in Dir noch auf Eise liegt
an ungl(i)ebten Möglichkeiten
und abgelehnten Resonanzen.
Du sollst Dich nun ins Fr^{ei}/_{au}-Sein weiten
und Dich noch lebensfroher tanzen.

Und ich tanze einfach mit,
freue mich an Deinem Strahlen!
Und ich halte mit Dir Schritt
im Kreuzgang durch die Lebensqualen.

Im Präsent-Sein uns befrei`n

In mir ringt sich ein Verlangen
durch nach Deiner Gegenwart,
Deinem Leuchten trotz der bangen
Zukunft, die jetzt Deiner harrt.

Und ich wünsche mir Dein Lachen,
Deine Schelmenhaftigkeit,
die uns noch im Trauer-Rachen
hüpfend Sprung um Sprung erfreut.

Und ich träum` von Augenblicken,
als wir uns ganz nahe war`n und
mit frischem Lebensgarn
uns verwoben
und aus Knicken
knotiger Vergangenheiten
im Präsent-Sein uns befreiten.

Wenn wir frei wär`n

Wenn wir frei wär`n, ungebunden,
würd` ich mir ein Zimmer buchen,
um Dich täglich aufzusuchen,
denn bei Dir hab` ich gefunden,
was ich lange schon entbehrt.

Doch ich bin bei Frau und Kindern angebunden.
Dies` verwehrt mir die Sehnsucht jetzt zu lindern.

Sie brandet an in Wellen,
die mich gewaltig locken.
Gefühle in mir quellen,
bei Dir mich anzupflocken.
Sie wollen offenbaren,
was ich vermisst in jenen letzten
wohltemperierten Ehejahren.

Scheues Gegenlieben

Verliebt hab` ich mich nicht in Dich.
Ich habe Dich schon bald geliebt,
war überrascht und gleichzeitig
vom Liebesrütteln arg durchsiebt:

Vom Liebesläuten übertönt,
vom Liebesleiden umgetrieben,
in Deiner Gegenwart verwöhnt
von Deinem scheuen Gegenlieben.

Du hast mir langsam offenbart,
wie es auch Dich getroffen
in unverwechselbarer Art.

Uns ist nun eine Zukunft offen,
die wohl noch im Verborgenen lebt,
doch jetzt schon an uns beiden webt.

Im Zwischen-Uns erklingen

Ich fühle mich so wohl bei Dir,
auch wenn uns Räume trennen.

Dein zartes Inbild strahlt in mir
und hilft mir zu erkennen,
wie nahe ich Dir wirklich bin
trotz äußerer Distanzen.

Geb` ich mich dieser Einsicht hin,
könnt` ich vor Freude tanzen,
auch wenn ich sonst kein Tänzer bin.

Ich könnt` vor Jubel singen:
Dein DA-sein ist mir Hauptgewinn!
Du bist mir eine Königin!

Im Zwischen-Uns erklingen
die Weisen, die nichts mehr erzwingen.

Seelenfest

Ach,
unsere Seelen
sind
so
weit,
weit wie
das ganze Universum!

Sie tragen ein vernetztes Kleid,
berühren sich in vielem stumm.

Und liebend schweigen sie sich aus,
bis wir Ihr-Nun zum Klingen bringen,
und dann aus ihrem Seelenstrauß
uns jenen Blütenstaub erringen,
der unser Leben fruchten lässt
- ur-vertraut und seelenfest -
im achtsamen Gelingen.

So wird es für uns
auch ein Fest.
Ihm soll`n
wir uns
verdin-
gen.
...
..
.

EHE es KARFREITAG wird

Karfreitag
wird`s in
meiner
Ehe!

Sie
leidet unter Kreuzigung!
Und ich bekenne und gestehe mir meinen Teil an der Verbiegung der
einmalig vereinten Liebe, die uns vor langem an-ge-brochen,
doch im alltäglichen Getriebe vom Dich-für-Mich so schnell
zerstochen, dem Mittelmaß sich unterwirft
und ein genormtes Leben fristet,
sich in Verformung einnistet
und so dahin lebt
- ab-ge-schürft -
bis sie zu schwach
wird und vergeht,
in Schmerzen
stirbt!

Und
aufersteht
in ungeahnten
Möglichkeiten, die
jeden Horizont mir weiten?

Minnesänger bin ich Dir

Ich möchte Dich nicht irritieren,
ich möchte Unser-Sein besingen.

Will Dich nicht in die Irre führen,
ich will nur durch Dein Leben springen
als bunter Clown und froher Schelm,
dem dieses Leben soviel gibt,
der ohne Waffen, ohne Helm
im Jetztseits LEBEN tiefer liebt.

Ein Minnesänger bin ich Dir,
und als Dein Freund ein Troubadour.

Es dichtet in mir seit der Kur:
Mir zur Freude, Dir zur Zier!
Es spielt Dir ohne Unterlass
in mir auf meinem Lebensbass.

Begegnung als Präsent

Ach Du, sei doch nicht so betrübt!
Ich bin bei Dir, wenn auch nicht dort,
wo Du jetzt wohnst. Du bist geliebt
von mir, egal, ob ich vor Ort
bei Dir präsent sein kann.

Sieh` unsere Begegnung an
als ein Präsent, ein unverdientes,
uns zugedacht als ungeschientes
heilsames Beieinandersein.

In dem wir JENES angetroffen,
das uns aus überholten Stoffen
herauszieht in ein neues Sein,
von dem wir eingekleidet werden
in liebevolleren Gebärden.

Noch unerkannte Liebes-ART

Im ALL - UMFASSENDEN

Die EINE-LIEBE wohnt bei mir,
hat sich geöffnet hin zu Dir.
Sie hat mein Innerstes berührt,
es zu Dir an die Luft geführt,
wo ich nun freier atmen kann
mit Dir als Frau und mir als Mann.

Ich ruh` bei Dir wie neu geboren,
und ich gewahr` uns auserkoren:
Wofür, weiß ich noch nicht genau.
Es nähert sich mir eine Schau,
in der ich uns durchlichtet sehe
vom Scheitel bis zu jeder Zehe.

Und durchgetragen durch die Zeit
in jene Einzigartigkeit,
in der wohl die Beziehung gründet,
wenn sie sich immer wiederfindet
im ALL - UMFASSENDEN .

Kostenlos auskosten

Lass es uns kosten, das kostbare Leben!
Es kostet uns NICHTS, es ist uns gegeben!
Ein Präsent der Präsenz: ALL-EINER-PRÄSENZ,
die liebt und schenkt und schenkt und liebt
und leidet, wenn wir Ihr-Präsent-für-uns
nicht kostenlos auskosten.
Umsonst
ist
ALLES
KOSTBARE,
umsonnt von dem
ALL-EINEN, in dem allein
wir nur gedeih`n als seine Kostbarkeiten.

Seelen-Kraft-Tankstelle

Ich
will Deine,
Du sollst meine Seelen-
Kraft-Tank-
stelle
sein.

Wenn
ich lache,
wenn ich weine
will in Freude und in Pein
ich in Worten bei Dir wohnen,
Dich noch liebevoller achten,
Deine wunden Brüche schonen,
das Zer - Störende entmachten,
so weit es uns nicht heilsam stört.

Ich will das LEBEN mit Dir loben,
will es als Freund mit Dir erproben!

Und falls es doch begehrend röhrt,
sie annehmen, die Leiblichkeit
- entflammt in ihrer Seligkeit -
die für uns nicht geboten ist,
weil wir sonst noch im
Seelenzwist die Nah-
Verbindung
stören.

Ent-Scheidung

Nur die Entscheidung
wünsch` ich
mir von
Dir:

Du
sollst von
ALLEM - LEBEN,
das Dir die Tragik trägt und Dir die Brüche heilt,
Dich neu erheben lassen aus würgendem Geglaube in jenes
offenere Land,
wo Du nicht rigoros verbannt und auch zertreten wirst
im Staube von angemaßter Menschnormierung,
die nie aus Foerderung besteht,
in Forderung sich
nur
vergeht
an liebevoller
Menschenführung.

Denn nur die aufrichtende Liebe
erträgt, heilt aus die Schicksalshiebe.

Die Mitwelt durchlichten

Ach sag` mir, was kann ich dafür,
dass Du durch meine Seele schwingst.
Mein inneres Kind, es spielt Klavier und
Du, Du tanzt und singst und singst
mir Deine Seelen-Melodie -
Dir ganz ureigen. Sie
erklingt in mir
als
innere
Symphonie.

Ach wie sie mit
Dir höher schwingt in
den befreiten Atemraum,
in dem Du angenommen bist,
ganz ohne Leistung, ohne Frist,
dort wo wir unter`m Lebensbaum
uns gegenseitig aufrichten, um
unsre Mitwelt zu durchlichten.

Im einsichtengetrübten Bann?

Ich kann jetzt
wirklich traurig sein,
weil der ersehnte Brief von Dir
nicht kam. Doch kann ich mich auch freu`n,
dass er vielleicht schon morgen bei mir
in meinem Kasten liegt.

Was will mich dieses lehren?
Im Leben gibt es viel, was piekt!
Will es das Leid uns mehren?
Das weiß ich nicht!
Doch eins weiß ich:

Es liegt
an meiner Einstellung,
ob das Geschehen mir Erhellung
gewähren oder mich nur eisig
auch weiterhin verrenken kann
im Einsichten-getrübten Bann.

Noch unerkannte Liebes-ART

Liebe kannst Du nicht erzwingen,
Liebe kommt und Liebe geht!

Wenn sie stirbt, wenn sie verweht,
nützt es nichts, sich darzubringen
als ihr Opfer, ihrer Leiche
Liebeslieder noch zu singen.

Sie ist schon im Totenreiche!

Und Du musst Dich neu verdingen,
dem LEBENDIGEN Dich stellen,
das Dich aus den Sicherheiten
treibt hinaus in größ`re Weiten:

Wo Dir unerwartet Quellen
sprudeln einer Gegenwart
noch unerkannter
Liebes-
ART.

Dich weiterwaagen

Ich will in Dir die Adlerin
erkennen und auch ansprechen.
Ich will mit Dir den Starren-Sinn
des Nur-noch-Henne-Sein
zerbrechen:

Weil Du gar keine Henne bist,
wie ich es Dir im Gleichnis sage,
obwohl Du doch, in Hühnerlist,
versucht hast, Deine Lebenstage

mit einem Hahn Dir einzurichten
in einem trauten Hühnerdasein,
um mit ihm einfach zu verzichten
auf Euer eingebor`nes Sein als
Adler, wie das Gleichnis meint.

Wunderst Du Dich immer noch,
dass Deine Seele Tränen weint,
Dir Krankheit aus dem Leibe kroch,
um Dir nun gültig einzuklagen:

Du sollst in Deinen weit`ren Tagen
Dich nie mehr als Nur-Henne plagen.

Du sollst Dich vielmehr weiterwagen,
so ist des Gleichnis eigener Sinn,
als souveräne Adlerin.

Einzig wahrer EHE-STAND

Ich glaub`,
Du stellst die falsche Frage
im Blick auf Deinen Ehemann:

Nicht ob er sich noch ändern kann
im Sinne Deiner Eheklage
ist hier die eigentliche Lage.

Sondern ob Du ihn noch liebst,
ihm noch eine Chance gibst
für den Rest Eurer Tage.

Und ob Du ihn je geliebt,
tief aus Deinem Herzensgrund
und erträgst, was Dich durchsiebt
im jetzt gestörten Ehebund.

So lautet heilsam nur die Frage.
In Dir musst Du die Antwort finden,
um Euere Beziehungsplage
endgültig nun zu über-
winden:

Hin
zum Spiralen-Bunde
in liebender Beziehungsrunde
mit rundsaniertem Herzensband
im einzig wahren EHE-STAND.

Freundschaftlich umfassen

Weg zur Sonne

Für mich bist Du die Adlerin,
nicht Deines Mannes Henne,
die Bärin und die Löwin,
die ich in Dir erkenne.

Und auch die Menschin, die ich seh`,
wenn ich DEIN INBILD schaue,
ganz sacht in Deiner Nähe steh`,
Dir einfach nur vertraue

und tiefer zu ergründen trachte,
wie in uns die Verbundenheit
in kurzer Winterkurenzeit

den Seelen-Sonnen-Wind entfachte
und unsere Seelen staubfrei blies,
uns seinen Weg zur Sonne wies.

Vom wesenhaften Fühlen

Ich wünsch` uns beiden ein Gelingen
in unseren Ehe-Krisen,
ein ausheilendes Nieder-Ringen
der rauhen Ehe-Brisen.

Damit wir nicht noch mehr erkalten,
uns seelenwärts verkühlen,
uns nicht noch weiterhin zerspalten
im wesenhaften Fühlen.

Es wendet uns die Seelennot
gedünnt verlebter Zweisamkeit.

Es wehret dem Beziehungstod
im schon betagten Ehe-Leid.

Es spendet uns Lebendigkeit.
Es schenkt uns frisches Lebensbrot.

Deine Gegenwart erfahren

Du
hast in mir
ein seltenes Sehnen
geweckt
nach einem
anderen Leben.

Es räkelt sich ein neues Dehnen
in mir, ein wundersames Beben
erschüttert mich in
Intervallen.

Fremdartig
vertraute Klänge
locken mich heraus,
erschallen mir auf meinem Weg,

Gesänge
aus den Obertönen
laden ein zum Mitsingen,
lassen mir die Seele klingen,
wollen mich verwöhnen.

Ich
soll Dich
einfach nur gewahren,
soll Deine Gegenwart erfahren
als die durchlösende Vertreibung
der falsch verbundenen
Einverleibung.

Aufbruch

„Steh` endlich auf! Erhebe Dich!"
spricht ES-IN-MIR. „Und geh` den Weg,
den ich Dir weise. Beschwerlich
wird er sein. So manchen Steg,
auf dem Du noch bedrohlich wankst,
den wirst Du mutig überqueren.

Ich will von Dir, dass Du nicht schwankst,
nicht aufgibst, weitergehst und mehren
wird sich dann Dein Vertrauen
trotz aller Finsternisse,
trotz aller Brüche, aller Risse.

Und bald schon wird es Jenes tauen,
was Dich noch festgefroren hält.
Es wird Dich
nun dem Frühling weihen,
Dich vorbereiten und befreien
zum Aufbruch in die NEUE WELT."

Mich vor mir selber schützen

Ich muss mich vor mir selber schützen,
vor meiner anrollenden Liebe.
Ich muss versuchen, auszuschwitzen,
was bis in mein(e) /Ge/triebe
mich unbändig zu Dir verzieht.

Ich will die Freundschaft nicht zerstören,
in der unsere Beziehung blüht.
Ich will genauer hinhören,
was in den Grenzen, die gesetzt,
uns möglich ist an Tief-Kontakt,
der auferbaut und nicht verletzt
den freundschaftlich geschloss`nen Pakt.

Trotz allem, was ich hier geschrieben:
Es treibt mich, Grenzen zu erweitern!
Ich weiß, das führt jedoch zum Scheitern!
Ich weiß, es ist zu weit getrieben!

Freundschaftlich umfassen

Ach, ich hab` Dich viel zu gern,
um Dich-Durch-Mich zu bedrängen.
Solch` Ein-Drängen liegt mir fern,
ich will Dich nicht einzwängen.

Denn die Liebe, die ich fühle,
wenn ich Dich in mir erschaue,
will von mir, dass ich mich kühle
und uns keine Schranken baue.

So nur bin ich glaubwürdig!
Und das ist es, was ich will
in dem wogenden Gefühl.

Ich mein` es ernst, das schwöre ich:
Meine Liebe soll Dich lassen,
Dich nur freundschaftlich
umfassen!

Was verhängt ist - Was geschenkt ist

Trauernd irr` ich durch die Landschaft,
weine still in mich hinein.
Lodernd spür` ich, was ein Band schafft
zwischen uns! Leide Seelenpein!

Denn wir können es nicht leben,
weil wir anders schon gebunden.

Und es schüttelt mich ein Beben,
bis ich - wieder neu gefunden -
mich erquicke an dem Raunen,
dass uns doch nichts trennen kann,
nicht Ehefrau, nicht Ehemann.

Und ich fange an zu staunen
über das, was uns geschenkt ist
für die noch verbleibende Lebensfrist.

Im aus-gereiften Freundes-Bund

Wenn wir uns eingefunden haben
in jenem, was uns angeboten,
verlassen wir die alten Waben
und werden für uns neu ausloten,

was Leben noch bedeuten kann
für Dich als Frau, für mich als Mann
im aus-gereiften Freundes-Bund,
der jedes offene Ehe - Rund

nicht mehr bedroht, vielmehr bereichert
mit buntgescheckter Seelenmehrwert,
der bei uns auferbauend einkehrt,

sich uns für karge Zeiten speichert,
damit wir auch auf Wüstenstrecken
nicht am Beziehungsdurst verrecken.

__Erquick-ende Einsicht__

Gekrönt

Was mich an Dir so faszinierte,
hat sich ganz still davongeschlichen.
Was mich zu Dir zog und verführte:
Es ist schon bald von mir gewichen.

Stille ist nun eingekehrt
in das Beben der Gefühle.
Ich gewahre - tief geehrt -
uns gekrönt in dem Gewühle.

Gekrönt mit königlicher Würde
und herzgestützter Menschlichkeit,
die uns verbindet und befreit:

Die eigene mitmenschliche Bürde
nun wechselseitig mitzutragen
in lichten und in finsteren Tagen.

MEHR - SEHNEN

Die Zukunft wird es wohl erweisen:
Ist unsere Freundschaft stark genug,
ihr eigenes Weben einzuspeisen
ins Diesseits vom Gefühlespuk?

Was uns jetzt meint, ist offenbar:
Es will uns wacher noch verbinden.
Doch ist nicht sicher, das ist klar,
ob wir uns weiterhin noch finden.

Wenn uns nun jene Welten trennen,
die wir im Alltag mit durchleben,
in denen wir uns oft verrennen,

und dann - betäubt von unserem Streben -
schon nicht MEHR-SEHNEN, worum es geht,
worum sich ALLES - LEBEN dreht.

Durchstreich|e
den Gefühle-Spuk!

In allem, was ich Dir geschrieben,
durchstreich(l)e den Gefühle-Spuk.
Er gab Dir vor, Dich mit zu lieben.
Doch ist sein Wesen Selbstbetrug!

In selbst-ver-lieb-ten Blen-dun-gen
kann er doch nur sich selbst genießen,
kennt keine Selbstverschwendungen,
die von ihm weg hinüber fließen:

Ins Offene, wo die Liebe wohnt,
um jetztseits heilsam aufzugehen
im ausgeschenkten Auferstehen.

Er weiß um das nicht, was sich lohnt.
Nur immer um sich selbst verdreht,
brennt er bald aus, erlischt, verweht.

Gestillt

Gestillt bin ich in dem Verlangen,
Dich mir noch ein-zu-ver-lei-ben.
Ach, wochenlang war ich gefangen
im se-lig-un-se-li-gen Trei-ben

der aufbegehrenden Gefühle,
die Dich nur idealisierten
und mich so zwischen alle Stühle
in meinem Schwärmen deplazierten.

Der Schwarm
ist mir nun ausgeflogen.
Ich seh` Dich klarer ohne ihn,
gewahre auch, es war kein Spleen:

Ich habe mich nicht selbst belogen,
in dem, was ich bei Dir gefunden
in all` den zugewandten Stunden!

DAS HEIL-ENDE

Ankomme immer mehr in mir!
Ich stelle mich, durchquere der
Unannehmlichkeiten Schmier.

Auch wenn ich mich versehre
und ausgleite und hinfalle,
so hebt ES
mich doch wieder auf,
beruhigt den Fluss der Galle.

Das
Heil-ende
nimmt seinen Lauf.
Ich muss ES nur gewahren.
ES will mich immer aufrichten.
ES will immer mich durchlichten.

Ich soll mich IN-IHM aufklaren,
damit ich Meinen-WEG erkenne
und nicht noch in die Irre renne!

Ursprüngliche Weiten

Bist Du
wieder reingekrochen
in den eigenen Hühnerstall?

Werden Dir nun neu gebrochen
Deine Flügel, wird der Wall
um Dich enger noch gezogen?

Leistest Du nicht Widerstand,
bist Du schon um Dich betrogen,
findest Dich im Hühnerland
als gelähmte Adlerin,

die dem Henne-Sein zwar grollte,
aber nicht mehr fliegen wollte
aus dem Hühnerreiche hin
zu den ursprünglichen Weiten,
die sich vor Dir ausbreiten.

(Nach ihrer Rückkehr aus verlängerter Kur)

Erquick-ende Einsicht

Du hast Dir selber nicht erlaubt,
die Frau zu sein, die Du doch bist!
Das hat den Atem Dir geraubt,
hat Dich an Deinen Seelenmist
gekettet und Dich fast erstickt
im eigenen Beziehungszwist.

Die Einsicht hat Dich
nun erquickt!
Du hast
noch
eine letzte
Frist, Dich jetzt
auf Deiner
Lebens-
spur
anzu-
nehmen
in dem Licht
der ALL-UMARMUNG,
die zerbricht, was sich nur hasst und
was sich stur auch SELBST verleugnet, nieder-
schmettert, und sich den LIEBES – WEG verbrettert.

Gefühle

Die
Gefühle sind es nicht:
Jenes Fundament, das trägt!

Wir gründen uns in einer Schicht,
die wohl von Tieferem geprägt
ist als von den Gefühlen.

Hier pulsiert, was aufrichtet, was
uns nicht nur in den Mühlen
der Gefühle umschichtet.
Hier schwingt jenes,
was uns stählt:

Die Ur-Präsenz des
EINEN-GANZEN,
in der wir unsre Kreise tanzen,
mit den Gefühlen eng vermählt,
damit wir unsre Tänze würzen,
uns mitfühlend nicht selbst verkürzen.

Grat/Grad-Wanderung

Kron-Juwel und Kieselstein

Was bleibt, ist die Erinnerung
an menschlich zugewandte Stunden.

Sie schenkt mir eine Wegzehrung,
die mithilft, weiter zu erkunden,
was Liebe ist, was sie vermag
im allzu menschlichen Gewühl.

Was mein Gewahren mir entbarg
in manchem wogenden Gefühl,
das ist mir eine Kostbarkeit.

Ein
Kron-Juwel
warst Du für
mich!

Ich nur ein Kieselstein für Dich,
der Dir in Deiner Kuren-Zeit
für eine Weile nützlich war
als freundschaftliches Exemplar?

Grat/Grad-Wanderung

Ich will klingen in der Freundschaft
in dem Grad, den Du erwählst,
und ich braue Dir den Saft,
den Du magst, auf den Du zählst.

Denn ich will Dich nicht bedrängen
mit dem Trank, den ich Dir braute
aus den zugewandten Klängen,
denen ich bisher vertraute.

Auf dem Grat geschenkter Freundschaft
mit Dir Gleichgewicht zu halten
und mich mit Dir zu entfalten,
ist mir Herzenswunsch.

Er strafft mich,
achtsamer auf Dich zu hören,
mich mit Dir nicht zu betören
und darin auch noch zu schmachten.

Probe-Zeit

Ach könnte doch Dein Ehemann
Dich jetzt mit meinen Ohren hören!
Augenblicklich fiel der Bann,
sich gegen Dich nur einzuschwören.

Ach könnte er Dich ebenfalls
mit meinem Herzen schauen!
Ich wette, er ging auf die Balz!

Er ließ mit Dir erneut sich trauen:
Und zwar zu jenen Konditionen,
die Ihr Euch doch schon längst versprochen.

Warum müsst Ihr sie so gebrochen
durchleben ohne Euch zu schonen
mit liebevoller Achtsamkeit für
jenen Rest der Probe-Zeit?

Leer gewebt

Besinne Dich auf Deine Kraft,
darauf, was Dir UR-EIGEN ist!
Trau` nicht dem Trug! Er niederrafft
Dich nur in Deinem Lebenszwist.

Auch wenn er Dir verspricht,
als Schutz und Schirm Dich zu behüten:
Er schützt Dich nicht! Er ist nur Schmutz!
Dagegen sollst Du stehen und wüten!

Denn Deine Not wird nur gewendet,
wenn Du noch viel genauer hinschaust:
Worauf-Im-Leben-Du-vertraust!

Damit es irgendwann nicht endet
als Viel-Zu-Eng-Und-Starr-Gelebtes,
als Falsch-Verbundenes, Leer-Gewebtes!

Nicht auf Treibsand bauen

Ich habe den Gefühle-Sturm jetzt
durchgestanden, überwunden!
Ich stehe wieder wie ein Turm
und soll, erneuert, nun erkunden,
was weiterträgt, als NUR-Gefühl!

Es schenkt uns manche Rührung!
Doch droht uns auch Verführung
in seinem täglichen Gewühl,
wenn wir nur den Gefühlen trau`n,
die uns zwar manche Lust bereiten
und doch auch in die Irre leiten.

Wir sollen nicht auf Treibsand bau`n!
Er schenkt uns keinen sicheren Halt
zum Leben-in-der-Plus-Gestalt!

Vom gestört-lastigen Wippen

Was nicht mehr im Gleichgewicht,
droht bald schon umzukippen!
Es vollzieht sich das Gericht
vom gestört-lastigen Wippen.

Wer in eine Freundschaft sich nur
noch leichtgewichtig einklinkt,
der versetzt ihr einen Stich,
bis sie dann erlahmt und hinkt,

nicht mehr Schritt halten kann
mit all` dem, was sie besungen,
und was einst in ihr erklungen.

Die Zersetzung hebt nun an:
Singt ihr Lied, den Abgesang,
auf das Ende, auf den Abgang!

Wandeln
im lausch-
aktiven Handeln

In meinem Lebens-Übergang
hab` ich zu Dir gefunden.
Im zeitweiligen Überschwang
zog ich so manche Runden
um Dich.

Du hast mich fasziniert,
Gefühle in mir freigelegt!
Auf Dich hab` ich nun projiziert,
was doch in mir sich hat bewegt:

Das Inbild alles Weiblichen
ist mir in Dir begegnet.
Ich bin mit Dir gesegnet!

Im Angesicht des (B)Leiblichen
soll`n wir uns weiter wandeln
im lausch-aktiven Handeln.

Wenn Du präsent bist

Was hab` ich denn bei Dir geschaut in Deinen zugewandten Blicken?
Worauf hab` ich bei Dir vertraut? Du fällst mir nicht in meinen
Rücken und wirst mich auch nicht ausnutzen für egomane
Intentionen, wirst nicht versuchen, mich zu stutzen,
nach Deinem Bilde mich zu klonen, wenn
Du ganz BEI - DIR - SELBER bist,
und so - nicht egohaft
versperrt und
auch
von andren
nicht verzerrt -
PRÄSENT - UNS - BIST
trotz allem Zwist, weil Du doch
IN - DER - LIEBE gründest, die ganz
AUS - DEM - ALL - EINEN sprießt, von DA - her
Deinen Weg Dir findest und die Barrieren nicht mehr fliehst,
Dich vielmehr nun verwegen stellst und hinsiehst, um genau zu schauen:
DA-RIN kannst Du Dich auferbauen, dass Es-Dich nie mehr nieder wälzt.

Kurlichtiges Antlitz

Nicht erlaubt

Fast wär`
ich heut` im Bett
geblieben und hätt`
in Krankheit mich verkrochen.

Ich
fühl` mich wieder aufgerieben,
im Lebensfeld neu an-ge-brochen,
bedrängt von Außen und von Innen.

Doch
weiß ich wohl, so kann ich nicht
dem Lebensdruck
entrinnen.

Auch
wenn
mich
manches
nieder sticht,
mich demütigt
die Luft mir raubt,
mich oft in Träumen
arg bedrängt und mich
aus alten Spuren lenkt,
so ist es mir doch
nicht erlaubt:

Jetzt dem
LEBENDIGEN
zu weichen, um es
er - leichtert zu
erreichen.

Mich in NEUE - WELTEN weiten

Du hast Dir eine Welt gebaut,
die nicht die meine ist.
Was mich aus Deiner Welt beschaut,
es zeigt - gespiegelt - wer Du bist.

Ich will Dich darin nicht benoten.
Du färbst die Welt ein: Dir-gemäss.
Ich muss mich anders ausloten!

Ich lass mich wandeln zum Gefäß,
das ALLE-WIRKLICHKEIT empfängt,
die wir gewahren können:

Um jenen Plus-Fluss mir zu gönnen,
der mich nicht nur BEI-MIR einrenkt.
In dem - erwacht - ich weiter gleite
und mich in NEUE-WELTEN weite.

(Be)Nutzen und (Ent)Ehren

Wenn Du ihn dennoch liebst,
so lässt Du ihn gewähren,
damit Du Euch die Chance gibst,
Euch selber auszugären.

Bis Du vielleicht erkennen wirst,
dass er Dich nur begehrte,
und Dir jetzt die Beziehung birst,
weil er sie Dir verwehrte.

Ob Dich dann Deine Sicht befreit,
dass er auf seiner Fährte
Dich nur benutzte, Dich entehrte,
wird sich Dir zeigen mit der Zeit.

*(bezieht sich auf ihren langjährigen Liebhaber,
dem sie den Laufpass gab und nun darunter leidet)*

Neues SCHWÄRMEN

Egal, wie nahe ich Dir bin
aus Deiner Sicht. Du bist für mich
noch gar nicht ausgelotet
in Deiner Einzigartigkeit.

Ich tappe noch im Morgengrau`n,
erahn` den neuen Morgen.
Ich werd` den Sonnenaufgang schau`n!

Er lässt mich meine Sorgen
vergessen. Dein Morgenrot,
es fasziniert mich immer neu,
trennt mir den Weizen von der Spreu.

Es lichtet die Beziehungsnot
und schenkt mir neues SCHWÄRMEN
im täglichen Verhärmen.

In Freundschaft eingesegnet

In mir ertönt ein Herzensklick,
der mir bei Dir geschehen.

Genährt durch manchen Augen-Blick
im lichtenden Verstehen,
durchlöst er mir die Sicht auf Dich,
besänftigt die Gefühle.

In mir erhebt die Freude sich,
die stille, aus der Kühle
alltäglicher Betäubung.

Lauschenden Auges schau ich Dich,
lichten Sinnes gewahre ich:

Wir sind durch Licht-Bestäubung
in wahre Freundschaft eingesegnet,
als wir uns in der Kur begegnet.

Sein Wesen - Dein WESEN

Du
hast in
mir etwas
bewegt, was
schon betäubt
am Boden
lag.

Kaum hat es sich in mir geregt,
erwachte ich zu neuem Tag
und war entzückt
von Dir.

Denn nur in
Deiner Gegenwart
erlebte ich, was da in mir
sein Wesen trieb auf neue Art.

Doch jenseits dieser Projektion
gewahrte ich Dein WESEN,
das bisher - kaum gelesen
von Dir und anderen -
immer schon
einmalig
in Dir weiter
webt und mit Dir
hin zum Jetztseits strebt.

Kostbarkeit

Dem, was ich bei Dir geschaut
in den zugewandten Stunden,
habe ich bisher vertraut.

Hab` mich bei Dir eingefunden
und die räumlichen Distanzen
Nähe-dichtend überwunden.

Hab` trotz karger Resonanzen
Deinerseits mich neu verbunden
jenem, das uns in der Kur
auflichtend zusammenführte.

Je und je im Kern uns rührte,
die befreite Lebensspur
anbot als die Kostbarkeit
für die weitere Lebenszeit.

Betört verhört?

Ich hörte heut` ein leises Beben
in Deiner Stimme am Telefon,
ein merklich sanftes Widerstreben.
Wähl` ich vielleicht den falschen Ton?

Rückt Dir mein freundschaftliches Werben
zu nahe, ist es Dir zu dicht?
Soll mir auch diese Nähe sterben
und sich verdunkeln jenes Licht,

das mich noch diesseits der Affekte
weiter bei Dir weilen lässt
im angestillten Seelenfest?
Ist es dieses, was Dich schreckte?

Oder hab` ich mich verhört,
als ich Deiner Stimme lauschte?
Hat ein Irrlicht mich betört,
das mich mit Verdacht berauschte?

Kurlichtiges Antlitz

„Aus den Augen, aus dem Sinn!"
Doch so einfach ist es nicht!

Denn es bleibt der Zugewinn
vom noch aufleuchtenden Kurlicht,
das sich nicht verdunkeln lässt
durch die räumlichen Distanzen.

Es brennt weiter, ruhig und fest,
und es will sich nicht verschanzen
hinter den vernormten Weisen,
abgeschottet zu vergreisen.

Es hilft mir jetzt, mich neu zu dichten
im Herzensblick auf jenes Antlitz,
das mich BEI-DIR mit Donnerblitz
getroffen hat in tiefsten Schichten.

Ich will noch warten

Vollgestaltig leben

Nur auf den eigenen Tritt besteh`n,
heißt: Sich am Leben zu vergeh`n!
Vergangen (-) has(s)t Du Dich schon bald,
geknickt ist Deine Vollgestalt,

die der Entfaltung harrt
in jenem Gold`nen Schnitt,
als neuerlicher Start
in einen andren Schritt,

der Dich auf die Ellipsen-Bahn
geleitet in befreite Weisen,
im Mit-Sein Leben zu umkreisen,
jetztseits von allem Wucher-Wahn.

Ich will noch warten

Und ich warte, warte, warte!
Doch vergeblich! Er bleibt leer!
Keine Karte dort im Kasten,
auch kein Brief von Dir bisher!

Und ich warte, warte weiter!
Doch es nebelt ein in mir,
was im Blick auf Dich mich heiter
stimmte und beschwingte.

Ich verlier`
den ursprünglichen Kontakt.
Und ich weiß, nur mein Bemühen
lässt ihn auch nicht weiter glühen.

Der geschenkte Freundschaftspakt
wird uns beiden nur zum Segen,
wenn wir ihn gemeinsam pflegen,
wird nur dann ein lichter Garten,
wenn wir beide ihn auch warten.

Durchbruch

Wer aus dem Ei
der Sicherheit geschlüpft ist
und im Lebens- Streit sich
nun nicht mehr zurecht findet,
steht in Gefahr, dass er sich bindet
an neu - gefund`ne Sicherheiten
in den verschied`nen Glaubensbreiten.
Doch auch diese Eier brechen!
Ihre Schalen halten nicht!
Ihr gegebenes Versprechen
hat nicht jenes Schwergewicht,
das ein jeder von uns sucht
und meist doch im Falschen bucht.
Um befreiter aufzuleben,
nützt es nichts, gebroch`ne Schalen
an den Rissen zu verkleben.
Die Befreiung führt durch Qualen!
In den Schmerzen,
in dem Leid die Geburt in die
Gewissheit vom lichtenden
Umgreifenden.

NEUE TRACHT

Ich hab` mich nicht getäuscht in Dir
bei meinem ersten Eindruck!
Als großes Kind erschienst Du mir,
noch unreif, trotz manch` bitt`rem Schluck,
den Dir Dein Leben spendete
als Mutter und als Ehefrau
im schwebenden Beziehungsstau.

Mein Mitgefühl verschwendete
ich, schenkte Dir ein Hören,
gewahrte Dein-Ur-Eigen-DEIN
und suchte mein Ergriffen-Sein
zu klären, zu beschwören
in Texten und Gedichten,
um die Begegnung aufzulichten.

Was mich Durch-DICH berührte,
hab` ich Dir dichtend vorgelegt.
Was mich bei Dir verführte,
hab` ich durchlichtend weggefegt.
Was bleibt, das ist ein kurzer Blitz
in noch nicht ausgereifter Nacht,
ein Ahnen schon der NEUEN TRACHT.

Benommen

Hast Du als Freund mich fallen gelassen?
Stellst Du Dich tot, lässt mich vergeblich rufen?
Wie soll ich denn Dein Schweigen auffassen
im Anblick dessen, was wir uns schufen?

Ist Dir denn unsre Freundschaft entglitten?
Bist Du nicht mehr bereit, sie mitzunähren?
Schon manche Stunde hab` ich gelitten!
Wie soll ich mir Dein Schweigen erklären?

Willst Du uns denn den Rang aberkennen,
den wir zur Kurenzeit geschenkt bekommen?
Willst Du nun ins Verstummen Dich verrennen?
Von solcher Aussicht bin ich noch ganz benommen!

Dich-durch-DICH
zum Klingen
bringen

Bist Du schon
erwacht zum LEBEN
oder schläfst Du unruhig noch?

Haben Dich die eigenen Beben
flüchten lassen in Dein Schlupfloch,
das Du bald verlassen wirst:

Weil es Dir, verweigerst Du Dich,
ohne Rücksicht schon zerbirst.

Dich verkriechen ist vergeblich!
Dazu bist Du nicht geboren!

Du sollst im MIT-EIN-ANDER-LEBEN
durchtönend DEINE ANTWORT geben:

Mitzuschwingen, mitzusingen,
dazu bist Du auserkoren!

Beziehungs-Freitod

„Du hast in unserer Freundschaft Dich
fast mit Tabletten umgebracht!"
Ein solcher Horrortraum
befiel mich!

Es
graute mir
in letzter Nacht!
„Ein Telefonanruf bei Dir,"
so wurde es geträumt von mir,
„er offenbarte die Gewissheit,

dass Du in allem Lebensstreit
entfliehen wolltest aus der Not
durch Deinen selbst-herbei-geführten,
nichts-lö-sen-den Be-zie-hungs-tod.

Die Nöte, die mich aufrührten, kann
ich Dir jetzt noch nicht beschreiben!
Erwachte jäh, war tief geschockt!
Um Dich zu retten aus dem Treiben,
wurd` ich in neuen Traum gelockt.

Ob Deine Rettung noch in Gang
kam, weiß ich nicht mehr zu sagen.
Dass sie jedoch vielleicht misslang,
will ich jetzt nicht zu denken wagen!"

Warum nicht mehr?

Und ich rufe, und ich rufe!
Doch Du antwortest mir nicht!
Lebst Du nicht mehr auf der Stufe
im freundschaftlichen
Gegenlicht?

Warum
schweigst Du?
Warum schweigst Du?
Bist Du mir nicht mehr zugewandt?
Wohnst Du nicht mehr im Freundesland?

Ist er Dir zu groß, der Schuh,
den wir probeweise trugen,
ausgeliehen seit der Kur
für die aufrichtende
Tour
durch jenes, was
längst aus den Fugen
geraten ist im falschen Streben,
und im forcierten Sich-Ver-L(i)eben?

Verwehrter Pflegesegen

Im Stich gelassen?

Wenn Du weiter schweigst,
dann tötest Du Dich ab
in meiner
Seele!

Wenn Du weiter
schweigst, dann nötigst Du
mich, dass ich mich empfehle!

Und Dir jenen Laufpass gebe,
den Du scheinbar Dir
erstrebst!

Weil Du Dich
ins Verstummen webst,
in eine atemenge Schwebe,
in der ich nicht mehr leben will.

Ich brauche Deinen Herzkontrakt
im angebrochenen Freundschaftsakt.
Wirst
Du Dich weiter todesstill vor mir verkriechen,
lass ich Dich - so wie Du vorher mich - im Stich!

Vergebens

In mir bist Du fast abgeklungen!
Ach, unsere Beziehung stirbt!
Ich habe lang genug gerungen
mit dem, was in mir Dich umwirbt!

Ich hab` mich bei Dir eingefunden,
ganz offen, dass die Freundschaft blüht.
Ich wollte sie mir Dir erkunden.
Vergebens hab` ich mich bemüht!

Du hast Dich schweigend mir entzogen!
Mein freundschaftliches Werben um Dich,
es ist vertan, es war vergeblich!

Du hast uns um den Glanz betrogen,
der uns in unserer Kur durchlichtet.
Stehst` wieder unter Heimat-Drogen?
Hast deshalb wohl auf ihn verzichtet!?

Verwehrter Pflege-Segen

Möglich wäre es gewesen,
in der uns gewährten Freundschaft
aneinander zu genesen.

Doch Du hast sie ausgeschlagen,
die Gesundung aus der Haft
unserer selbstgewählten Plagen.

Aus der Kur zurückgekehrt,
hast Du den Kontakt verdünnt,
hast die Freundschaft uns verwehrt,
hast gewusst, dass sie verrinnt.

Du hast in Schweigen Dich gehüllt
bis sich Dein eigenes Wort erfüllt:
„Freundschaft muss man pflegen,
sonst bringt sie keinen Segen!"

Mich erträgt kein Leichtgewicht!

    Es war mir eine Kreuzigung,
        Dein plötzliches Verstummen.
            Und ich durchlitt so manche Deutung,
                gepaart mit meinem Eigenbrummen.

    Mein Leiden aber, es begann,
mich nun beschleunigt zu durchgaren.
Und dann am Ende brach der Bann,
Dir meine Freundschaft zu bewahren.

Du hast mich einfach fallen lassen!

    Mich trifft jedoch die größere Schuld!
        Ich hab` in meiner Ungeduld
            versucht, Dich liebend zu umfassen
            in jener Art, die mir entspricht:

                Doch mich erträgt kein Leichtgewicht!

Bis zum endgültigen EIN-Klang

Ich sollte
Dir Begleiter sein!
Ich bin es Dir gewesen!
Doch mischte sich schon bald
mit ein, was mir half, zu
genesen. Die Zeit, in der
Du mir vertraut,
hat
vieles in mir
angeregt. Im Gären hab`
ich das geschaut, was wohl im
Tiefsten uns bewegt. Die Gärung
ist nun abgeschlossen! Ich bin
jetzt endlich Most! Die
Projektionen
sind
verflossen.
Ob Du sie magst,
die Zwischenkost? Ich weiß,
ich muss noch weiter gären.
Der Weg zum reinen Wein ist
lang. Noch manches Leid
wird an mir zehren
bis hin
zum endgültigen
EIN-Klang. Ich brauch` Dich
als Begleiterin, und ich werd`
Dich begleiten! Du warst mir
Wegbereiterin in ungeahnte
neue Breiten noch nicht
gelebten Lebens.

(zum einjährigen Gedenken)

Flüchtige Erinnerung

Da ist die Telefonzelle,
aus der ich Dich einst angerufen.
Und ich gewahr` noch`mal die Helle
der liebevoll erklommenen Stufen.

Wir richteten als Plusgestalten
uns auf in den genormten Wogen.
Hast Du das Licht nicht ausgehalten
und Dich ins Dunkelnde verzogen?

Es bleibt die Telefonzelle,
aus der ich Dich einst angerufen.
Und im Moment, da ist die Helle
der liebevoll erklommenen Stufen.

Doch sie vergeht und wird verstummen,
wie das, was wir uns einst versprochen:
Die Freundschaft, sie ist längst zerbrochen!
Was blieb, ist unser Eigenbrummen
und flüchtige Erinnerung.

Ich
werd` den
Winter überstehen

Der Herbst, er hilft mir loszulassen,
was mich im Frühling noch gebannt.
Der Herbst, er zeigt mir zu umfassen,
was ich im Frühjahr nicht verstand.

Der Herbst, er lässt mich tiefer beben.
Der Sommer stirbt und wird vergoren.
Im Herbst, da werd` ich neu geboren.

Ich lasse mich nicht mehr verweben
in frühlingshafte Schwärmereien,
in sommerlichen Übermut,
in winterliche Kältewut.

Der bunte Herbst, er lehrt Verzeihen.
Und wird - wie immer - er vergehen:
Ich werd` den Winter überstehen!

Verwundertes Bedauern

ES

ES schreit in mir nicht mehr nach Dir.
ES schreitet ohne Dich ins Licht.
ES streitet sich nicht mehr mit mir.
Im Schwinden liegt Dein Angesicht.

ES scheidet sich in mir von Dir.
ES schneidet ab das Ausgelebte.
ES schneidert mir das Neugewebte.
Zer-schnitten ist das tote Wir.

ES wollte uns-zu-UNS hinlenken.
ES zeigte uns in unsrer Not
ein Seelen-Heilungs-Angebot.

ES wollte sich uns heilend schenken.
Du ließest ES jedoch versauern!
Was mir noch bleibt, das ist Bedauern!

Verwundertes Bedauern

Der Himmel in dem Augenblick
als mich Dein holdes WESEN traf.
Die Hölle dann im Herzenknick,
als Dein Verstummen mich verwarf.

Im Fegefeuer Blick zurück:
Ein schmerzvolles Betrauern!
Wie konnte bloß das Freundesglück
- das angebotene - versauern?

Das Fegefeuer ist verglüht!
Es bleibt nach all` dem Trauern
verwunde(r)tes Bedauern
darüber, was so schnell verblüht.

Lebst Du denn noch?

Ich versuche, Dich aus meinem
Herzensgrunde zu vertreiben.
Doch er ist nicht einverstanden.
Du sollst weiter in ihm bleiben.

Auch wenn Du mich sehr enttäuscht hast,
ist Dein Platz In - MIR bewahrt.
Und MEIN-Tiefstes, es vergibt Dir
Deine gleichgültige Art.

Lebst Du denn noch? Oder bist Du
schon gestorben vor dem Tod,
neu betäubt und auch erblindet
für das eine Morgenrot,

das uns einst zusammenführte
und im Tiefsten mich berührte,
Dir in allem beizustehen,
bis wir irgendwann verwehen?

Ich halt` noch weiter an Dir fest

Auch
wenn Du mich
jetzt fallen lässt,
damit ich Dir vergehe:

Ich halt` noch immer an Dir fest,
weil ich Dein lichtes WESEN sehe,
trotz aller Deiner Dunkelheiten,
in denen Du verfangen bist.

Ich bin bereit, Dich zu begleiten,
heraus aus Deinem Seelenzwist.
Doch ist auch meine Kraft begrenzt!

Wenn Du Dich weiterhin verschweigst
und unseren Kontakt bestreikst,
wenn Du Dich tiefer noch verrennst

in jene Wirrnis Deines Lebens,
ist all` mein freundschaftliches
Müh`n vergebens!

(zum zweijährigen Gedenken)

12 x Test

Weißt Du, was Du verloren hast,
als Du mich nicht er - **Hör-Test**?
Ich wollte nur, dass Du erfasst,
was Du Dir selbst ver - **Wehr-Test**?

Dein WESEN hab` ich kurz geschaut!
Als DU mich so be - **Rühr-Test**,
hab` ich mich Dir ganz anvertraut,
obwohl Du Dich noch **Zier-Test**!

Du hast Dich auf mich eingelassen.
Ich suchte sanft Dich zu umfassen.
Ich wollt`, dass Du Dich **Nähr-Test**
- entlassen aus dem Selbstgericht -
Dir Deine Selbstannahme **Mehr-Test**.
Du bist jedoch ein Leichtgewicht!

Als Du Dich dann ver - **Sperr-Test**
und Dich erneut ver - **Zerr-Test**,
nicht wolltest, was Du **Soll-Test**
und mir deshalb noch **Schmoll-Test**,
und so Dir das er - **Spar-Test**,
was ich Dir zeigen wollte:
„..............................!"

Ach, wie Du Dich doch **Narr-Test**!
Verstehst Du nun, dass ich Dir grollte?

Elefanten-Täuschung

Verführt durch ein kurschattiges Entzücken,
hat sich in ihm ein Feuer entfacht.
Aus einer dieser liebeskranken Mücken
hat er `ne Elefantin sich gemacht.

Er hat ihr sein Entzücken vorposaunt.
Der Mücke hat sein Werben sehr geschmeichelt.
Ins Mückenohr hat er ihr es geraunt.
Sie hat ihm echte Freundschaft vorgespeichelt.

Zum Glück ist sie schon bald davon geflogen,
zurück ins Reich des mück`rigen Verlebens.
Nicht sie hat ihn - er hat sich selbst betrogen!
Drum war auch seine Zuneigung vergebens.

Mach` aus `ner Mücke bloß keine Elefantin,
auch wenn sie Dich mit ihrer Art betört!
Denn sie ist Mücke und keinesfalls Gigantin!
Das Elefantin-Sein, das ist ihr verwehrt!

Neu-Anfang

Nochmal
völlig neu anfangen!
Ohne der Vergangenheit
im Erneuten anzuhangen:
Dazu bin ich jetzt bereit!
Alles hinter mir zu lassen,
auch die Zukunft, die mich
zieht, das ist, was mich
jetzt umfassen will,
was in mir erblüht!
Jetztseits immer
wieder neu
Auferstehen-
vor-dem-
Tode
wider
jede

flücht`ge
Mode: Weizen
trennen von
der Spreu!

Spiegelbild

Denn wenn Begegnung nicht nur Zufall ist,
was ist uns beiden in ihr zugefallen?
War es nur eine schicksalshafte Hinterlist,
ein zweitbegrenztes Aufeinanderprallen?

Du hast in mir ein Feuer entzündet.
Manch` Überlebtes in mir verbrannte.
Ich hab` es in Gedichten Dir verkündet.
Du warst mir eine Seelenverwandte.

Doch hast Du den Kontakt zu mir zerbrochen!
Ich weiß nicht, was Dich dazu motiviert?
Was hat das zarte Band so schnell zerstochen?
Hab` ich Dich zum Verstummen animiert?

Vielleicht bist Du bereit, den Riss zu kitten,
wenn Du die Not, die Du erzeugt in mir, erspürst?
Es sei, wie`s ist!!! Ich hab` genug gelitten.
Ich antworte nur noch, wenn Du Dich rührst!

Ich ahne jetzt, dass unser Intermezzo
für mich ein Lehrstück ist, wohin es führt,
wenn man - wie Du - im selbstgewählten Ghetto
sich nur verknäuelt und ins sich Verstummen verliert.

Es ist vielleicht für mich ein Spiegelbild,
in dem ich schaue, wie ich manchmal selber lebe.
Ich nutze es für mich als Abwehrschild,
damit ich mich im Stummen nicht verklebe.

Wenn ich es so betrachte, hat es sich gelohnt!
Ich hab` trotz Leiden davon profitiert!
Ja, gerade in der Not hab` ich gespürt,
wie sehr ich mich auch häufig selbst geschont,
indem in Ego-Haft ich selber mich verwohnt.

Es ringt das Gegensätzliche in mir

Um´stricken - Úmstricken

Die Augenblicke, die ich Dir verdanke,
sie kannst Du durch Dein Schweigen nicht zerbrechen.
Auch wenn ich im Gedenken manchmal schwanke:
Durch Bitternis lass` ich sie nicht zerstechen!

Beim Abschied aus der Kur, beim Umarmen,
da streifte mich Verwesungsgeruch.
Es näherte sich uns ein Erbarmen!
Ich ahnte schon den zukünftigen Bruch.

Die Zeit, die wir uns schenkten, sie war kurz.
Du hast Dich schnell von mir zurückgezogen.
Damit hast Du uns beide betrogen
um das, was trägt und auffängt im Sturz.

Doch wärm` ich mich an jenen Augenblicken,
die ich in der Begegnung Dir verdanke.
Auch wenn ich im Gedenken manchmal schwanke,
ich lass` sie nicht von Bitternis umstricken.

Es ringt das Gegensätzliche in mir

Denk` ich an unsere Winter-Kuren-Zeit
und an die Berg- und Talfahrten mit Dir,
geraten mir Gefühle in den Streit:
Es ringt das Gegensätzliche in mir!

Denn einerseits bin ich enttäuscht, verbittert,
dass Du Dich mir so schnell verschwiegen hast.
Den Weg zu Dir hast Du für mich vergittert!
Die Freundschaftsfahne trauert noch am Mast.

Doch andrerseits, da glimmt in mir noch Asche.
Sie wärmt mich manchmal, wenn ich an Dich denke.
Und wieder möchte ich die Glut entfachen,
dass ich Dir neue Freundschaftswärme schenke.

Und ab und zu, wenn auch nur selten, schau ich
Dein Inbild in gestillten Augenblicken.
Ich mag Dich immer noch und werde traurig
Wie konnte uns die Freundschaft so missglücken?

DAS-WAS uns übersteht

Weil ich Dein lichtes WESEN schaute,
und Dir im Schauen nahe kam,
und DIR bedingungslos vertraute,
verging mir jede falsche Scham.

Ich hab` mich auf Dich eingelassen,
um Mitmensch Dir und Freund zu sein.
Nach edel-bitt`rer Liebespein
kann ich Dich offener umfassen.

Was uns trotz allem noch verbündet
im Jetztseits vom Gefühlestreit,
ist jenseitig von Raum und Zeit.

Es hat schon vor der Zeit gezündet!
Es bleibt, wenn uns der Tod verweht!
Es ist DAS - WAS uns übersteht!

Segnende SONNEN-Hand

Du warst mir wie ein Sonnenstrahl,
der meine Dunkelheit erhellte
als ich in Deiner Seelenqual
mich hilfreich Dir zur Seite stellte.

Im Sonnenstrahl durchstrahlt die Sonne!
Und sie hat mich in Dir berührt!
Sie schenkte mir durch Dich die Wonne,
die mich von Dir zu ihr geführt.

Die Sonne ist als Licht präsent.
Wir können sie nicht pur ertragen.
Sie braucht uns als ihr Transparent,
um sich in unser Sein zu wagen.

Wenn wir uns aufrichtig begegnen,
knüpft sie durch uns ihr Strahlenband.
Sie wird so unser Leben segnen
mit ihrer lichten Sonnenhand.

Durch Dich fiel jener Sonnenstrahl,
der meine Dunkelheit erhellte,
als ich mich bei der Damenwahl
in unserer Kur Dir zugesellte.

Dein Inbild wackelt in den Knien

Auch wenn
Du weiter schweigen wirst
und im Verstummen Dich verrennst,
ich weiß, die Totenstarre birst,
wenn Du noch mehr im
Leiden brennst.

Ich bleib` bei meinem Erstversprechen,
Dir zukünftig noch beizusteh`n.
Nur musst Du schon Dein
Schweigen brechen
und wieder
brieflich auf mich zugeh`n.

Sonst kann ich nur in Fantasien
mit Dir noch den Kontakt versuchen.
Das Meinerlei kann ich verbuchen:
Dein Inbild wackelt in den Knien,
verliert
die
aufrechte Gestalt.

Und es zerfällt! Und es verhallt,
was einstmals galt, auch wenn
es aus der Ferne noch
- leiser werdend -
zu
mir schallt.

Ein anderes Glühen

Ich bin dabei, neu zu erblühen,
werd` Früchte tragen und vergeh`n.
Ich spür` in mir ein anderes Glühen,
gepaart mit tieferem Versteh`n.

Wie eine Schwester sollt` ich Dich
auf Deinem Lebensweg begleiten.

Doch ich verbuchte Dich für mich,
ließ mich von Deinem Charme verleiten,
mit Dir die Liebe zu erkunden,
die zwischen den Geschlechtern blüht.

Zum Glück hat es nur kurz geglüht!
Ich habe mich der Glut entwunden,
um mich der Aufgabe zu stellen,
Dir Deinen Weg mit zu erhellen.

Wer sich selbst verwehrt

Geschlossen ist der stumme Kreis,
den Du um mich gezogen hast.
Er war Dir nicht zu hoch, der Preis
des Bruches, den Du uns verpasst.

Du hast Dich einfach tot gestellt
und bist verstummt im Selbstverschanzten.
Du hast den jungen Baum gefällt,
den wir in der Begegnung pflanzten.

Wer nur die eigene Note hört,
wer sich verschweigt und dann verstummt,
wenn ihn die Not des anderen stört,

wer nur im Selbstvertonten brummt,
der hat sich bald schon selbst verwehrt,
was ihn in seinem Menschsein ehrt.

Entzünde(l)t

Verschweige Dich nicht weiterhin!
Mein Trennungsschmerz ist überwunden!
Durchlitten war er mir Gewinn!

In ihm, da konnte ich erkunden,
was Du in mir entzünde(l)t hast
in unserer Winter-Kuren-Zeit.

Im Schmerz durchklart, hab ich erfasst:
Du bist für Dich noch nicht bereit,
Dein eigenes WESEN zu erkennen.

Du flüchtest vor Dir selber noch,
entwürdigst Dich mit falschem Joch.

Es wird Dein Leid Dich niederbrennen,
bis Du das LICHT-in-DIR erschaust,
das ich bei Dir gesehen habe
als Dir geschenkte Lebensgabe.

Ob Du Dich darin auferbaust
nach selbsterzeugtem Lebensbrand?

Wie willst Du leben?

Jetzt trennt der Weizen sich von seiner Spreu,
wird Saatgut oder wandelt sich ins Brot.
Als Saat keimt er im Frühjahr wieder neu,
bringt reiche Frucht, verhindert Hungersnot.

Und was geschieht mit abgelebter Spreu?
Sie wird in alle Winde jetzt verweht!
Und manchesmal, da dient sie noch als Streu
in Stallungen, bevor im Kot sie untergeht.

Als Mensch stehst Du in der Entscheidungsqual,
von Tag zu Tag und immer wieder neu.
Im Gleichnis ausgesagt, hast Du die Wahl:
Wie willst Du leben, als Weizen oder Spreu?

<u>Bereichert weitergehen</u>

Kalte Hilde

Bleibt Deine Tür für mich verschlossen?
Bist Du für mich nicht mehr zu sprechen?
Schon rosten zwischen uns die Trossen!
Wann werden sie im Rost zerbrechen?

Wenn im Verstummen Du vereist
und so die letzte Brücke reißt,
die ich noch für uns offen-
halte, was bleibt mir
dann: Auch ich
erkalte!

Bevor ich
mich an Dir verkühle,
aufsuch` ich wärmere Gefilde.
Am Jahrestag der „Kalten Hilde"
gedenk` ich nochmals der Gefühle,
die ich für Dich als Freund gehegt,
bis Du sie dann auf Eis gelegt
im eiligen Verstummen.

Mir zerbricht mein Eigen- Wille

Ich erlebe jedes Jahr
unsere Begegnung neu.
Dabei trennt sich offenbar
Weizen immer mehr von Spreu.

Abgebrannt sind die Gefühle,
die mich länger an Dich banden.
Uns zertrennt jetzt stumme Kühle,
der Kontakt kam uns abhanden.

Doch verborgen in der Stille
keimt der Kurbegegnung Weizen.
Mir zerbricht mein Eigenwille,
mich in Abkehr zu verheizen.

Staunend steh` ich vor Gericht!
Mir erstrahlt Dein lichtes WESEN:
Und es leuchtet Dein Gesicht.
Angeschaut bin ich genesen!

Und ich schreib` Dir dies` Gedicht.

(zum 3.Jahrestag der Kurbegegnung)

... nicht mehr vergegnungsfrisch

Das Wetter passt zu dem Gedenken.
Erkaltet ist`s und regnerisch.
Ich such` mich von ihm abzulenken
zu dem, was noch begegnungsfrisch.

Es ist verblasst, was uns verband.

Dein hartgesottenes Verstummen
errichtete die Scheidewand,
zerschlug mir, was ich bei Dir fand.

Ich hör` nur noch mein Eigenbrummen.

Das Wetter passt zu dem Gedenken.
Es ist erkaltet, regnerisch.
Dein Mummenschanz kann mich nicht kränken!
Er ist nicht mehr vergegnungsfrisch!

(zum 3.Jahrestag der Verabschiedung aus der Kur)

Der Selbstentfremdung krummes Wesen

Nachdem Du Dich solang` verschwiegen,
bist Du in meiner Fantasie
zur Stummen Line aufgestiegen
als des Verstummens Urgenie.

Die Folie hast Du präsentiert
zum Deuten Deiner Lebensart,
als Flucht, die Stummes Dir gebiert,
in selbstgestörte Gegenwart.

Der Selbstentfremdung krummes Wesen:
Es bietet sich in Dir mir dar.
Ich werd` Es-In-Dir weiterlesen.

So warnt es mich wohl offenbar,
falls ich mich selber ihm ergebe
und im Verstummen mich verlebe.

Bereichert weitergeh`n

Sehr lang
hab` ich getrauert,
hab` Trauer überdauert.

Ich
schau` Dein WESEN nun
für
immer
in mir ruh`n.

Auch wenn Du
Dich verschweigst,
im Stummsein Dich vergeigst:

Bereichert werd` ich weitergeh`n.

Ent-Täuschung

Ent-
täuschung
hat mich stark gemacht,
hat in mir ein Talent entfacht,
die Täuschung klarer zu durchschauen,
das Vorgetäuschte anzutauen,
bis es in seiner Eisespracht
zerschmilzt und
seine Täuschungsmacht
im tragik-tragenden Vertrauen
wie morsches Eis zusammenkracht.

Zerbrochen

Dein Inbild ist in mir zerbrochen!
Ich finde nur noch Scherben vor.
Die stumme Zeit hat es zerstochen.
Noch singt in mir sein Sterbechor.

Doch bald schon werd` ich es bestatten.
Sein Grab wird kein Gedenkstein zieren.
Vermodert unter Grabesplatten,
wird es mich niemals mehr verführen.

Ich wünsch` den Würmern Appetit.
Sie soll`n Dein Inbild ganz zerfressen.
Ich atme heilsames Vergessen.

Du bringst mich nicht mehr aus dem Tritt.
Es fährt mir nicht mehr in die Knochen.
Dein Inbild ist in mir zerbrochen!

Im Lichte Deines WESENs

Dein WESEN leuchtet weiter still
in mir. Wie soll ich es verdunkeln?
Auch wenn ich Dich vergessen will,
ich lausche manchmal seinem Munkeln.

Es wirbt um weitere Geduld
und darum, einfach zu vergeben.
Es weiß um die Verstrickungsschuld,
an der meist selbstgerecht wir kleben.

Es flüstert mir von Deiner Not,
die stärker wird, je mehr Du fliehst
und ins Verstummen Dich verziehst.
Es weiß, was Dir in Zukunft droht.

Schon bald zerbricht Dein Selbst-Vereisen.
Es öffnen sich Dir neue Weisen
im Lichte Deines WESENs
zu leben.

Gut-getan

Ich möchte, dass Du Dich erinnerst
an Zeiten, die uns gutgetan,
und einen Augenblick Dich hinderst,
sie abzutun als holden Wahn.

Der lichte Baum der Selbstannahme
erblühte uns in unserer Kur.
Dein WESEN kreuzte meine Spur
und kürte Dich zur Herzensdame.

Bevor ich mit Dir abstürzte
in die gefühligere Tönung,
erschien uns in befreiten Zonen
das Licht geschenkter Selbstversöhnung.

Wir haben ihn nicht überstanden,
den Sturz in den Gefühleschlund.
Wir kamen uns zu schnell abhanden.
Es brach das kurlichtige Rund.

Doch möcht` ich, dass Du Dich erinnerst
an Zeiten, die uns gutgetan,
und einen Augenblick Dich hinderst,
sie abzutun als holden Wahn.

Der lichte Baum der Selbstannahme
erblühte uns ....

(Endlos-Gedenk-Gedicht)

(zum vierjährigen Gedenken)

__Epilog__

Heilsames Misslingen

Was durchkreuzt da Lebensplanung,
ist es Störung, ist es Warnung
vor ersehnten Lebensbuchten
und vor temperierten Fluchten?

Was soll denn Durchkreuzung lehren,
dem, der Ohren hat zu hören
und zu lauschen auf Misslingen?
Soll er Misserfolg erringen?

Der ihn vor falschen Wegen schützt
und gegen allen Augenschein
ihm heilsam mit durchlösender Pein
in seinem weit`ren Streben nützt?

Nachklang zum Testlauf in der Kunst des Scheiterns

Im März 1997 begegneten wir uns in der Kur in Bad Meinberg.* Nach manchen vergeblichen Versuchen, mit ihr wieder in Kontakt zu kommen, übersandte ich ihr Ende Mai 2004 - etwa sieben Jahre nach unserer Winterkurbegegnung - einen Brief mit zwei Gedichten von mir und auch dem Gedichtbändchen „Verwunde(r)t" als endgültigen Abschluss zu:

Liebe Else,*

nachdem ich Dir im Januar 1998 den ersten Teil meiner Gedichte über uns unter dem Titel: „Heilsames Misslingen" zugesandt habe - ohne je eine Reaktion von Dir erhalten zu haben - schicke ich Dir jetzt den gesamten Gedichte-Zyklus unter dem Titel: „Verwunde(r)t" zu. Er liegt seit Januar 2001 vor und hat schon viele begeistert-betroffene Leserinnen und Leser gefunden. Bisher habe ich noch gezögert, ihn Dir zuzusenden, weil ich hoffte, mein erneuter Kontaktversuch im Dezember 2003 würde uns einander wieder näher bringen. Da Du aber weder auf meine letzte Email noch auf meinen Brief geantwortet hast, gehe ich davon aus, dass Dir an einem weiteren Kontakt mit mir nichts mehr liegt. So erhältst Du also jetzt meinem „Lyrischen Abschlussbericht": „Ein dichterisches Protokoll kurlichtiger Umrundung, kurschattiger Verwund(er)ung, spurwichtiger Erkundung: In durchl(i)ebt, durchlittener, neu geschenkter Stundung."
Nach den Rückmeldungen, die ich bisher auf diese Gedichte erhalten habe, ist mir hier ein kleines Kunstwerk gelungen. Nun, es ist ja auch mit „Herzblut" geschrieben! In ihm bereite ich Dir - als Spiegel meiner Erfahrung mit Dir - eine rasante Achterbahnfahrt durch alle Wärme- und Kälteregionen. Wo es Dich noch einmal anrührt, sei es Dir gegönnt! Wo es Dich aber verletzt, solltest Du Dir immer vergegenwärtigen, dass es meine Trauerreaktion auf Dein Verstummen ist.

Ein kleiner Trost: Du gehörst zu den wenigen Frauen, denen - und über die – so viele Gedichte geschrieben wurden! (Es liegen noch einmal so viele unveröffentlichte vor!)
In der Hoffnung, dass Dir meine Texte helfen, Dich weiter aufzuklaren – und ich vielleicht auch eine Rückmeldung erhalte -, grüße ich Dich freundschaftlich,

Paul *

Auszug aus der Zwo-Drei-Achtel-Welt

Wenn Unruhe　　　sich in Dir rührt,
weil Dich die Zwo-Drei-Achtel-Welt
mit dem, was sie für wichtig hält,
nicht mehr in ihren Bann verführt

...

Wenn alle Achtel Dir erwachen
im ur-gesunden Wesens-Rund,
Dir U r -Lebendiges entfachen
für den Acht-Achtel-Lebensbund

...

Wenn Dir der Glaube an das Zwo-
Drei-Achtel bricht und Du verlässt
den Zwo-Drei-Achtel-Menschen-Zoo
und baust Dir ein Acht-Achtel-Nest

...

Wenn Du Acht-Achtel-Menschen triffst,

...

```
? ? ? ? ? ? ? ? ? ?   ? ? ? ? ? ? ? ? ? ?
 ? ? ? ? ? ? ? ?   *   ? ? ? ? ? ? ? ?
  ? ? ? ? ? ?   * * *   ? ? ? ? ? ?
   ? ? ? ? ? ?    *    ? ? ? ? ? ?
     ! ! ! ! !    *    ! ! ! ! !
       ! ! ! !       ! ! ! !
         ! ! !     ! ! !
           ! !   ! !
            ! ! !
             !
```

Wem willst Du Dich anvertrauen?

Nebel-Dichter, Nebel-Lichter:
Wem willst Du Dich anvertrau`n?

Nebel-Dichter schenkt Dir bunte Nebel,
kannst damit Paläste bau`n,
kannst Dich schmücken
und wirst andere
Vernebelte
ent-
zücken!

Nebel-Lichter
fordert von Dir
bunte Nebel ein,
raubt Dein Wohnen
Dir im Dunste,
lichtet allen faden Schein.

Und entsorgt Dich Nebel-Nächten,
will Dein LEBEN Dir erfechten,
will ohn` Wenn und Aber Dein Belichtetsein.

Und nun wähle:
Welche Richtung schlägst Du ein?

Lasse Los

(Aus: Lasse Los - Im Staunen bin ich frei gesetzt -
Gedichte, Lieder, Texte 2001 - Neuauflage 2015)
BoD - Books on Demand, Norderstedt
ISBN: 978-3-7392-2180-9

Etwa zweieinhalb Monate später erhielt ich im August 2004 eine Mail von ihr, auf die ich sofort antwortete:

Liebe Else,

na, nun bin ich ja doch einigermaßen überrascht, nochmal von Dir zu hören! Nach meinem Brief und der Übergabe der endgültigen Fassung meines Gedichtbändchens - das ja mein ganzes Auf und Ab mit Dir beschreibt - hatte ich eigentlich mit dem Abbruch unserer ...??? Begegnung, Beziehung, unserem Freundschaftsversuch ??? gerechnet. Um so mehr freue ich mich über Deine Mail, auch wenn ihr Inhalt zu gemischten Einschätzungen Anlass gibt.

Ich wünsche Dir, dass Du die richtige Entscheidung getroffen hast, als Du bei Deinem Mann ausgezogen bist ... es muss Dir sehr schwer gefallen sein, das schöne gemeinsame Heim - ich habe noch Deinen Lobpreis in Erinnerung - zu verlassen. Es weist aber auch darauf hin, wie zerrüttet Eure Ehe offensichtlich ist.

Zu Deinem Karrieresprung beglückwünsche ich Dich - die finanzielle Unabhängigkeit ist natürlich auch eine gute Basis für wohlüberlegte Entscheidungen bezüglich Deiner Zukunft ...

Ansonsten würde ich mich natürlich sehr über eine Rückmeldung von Dir zu meinen Gedichten freuen, über ein ehrliches Feedback - so ehrlich, wie ich Dich in unserer Kur kennen- und schätzen gelernt habe! Aber nur, wenn es auch Dir ein echtes Bedürfnis ist - wahrscheinlich hast Du im Moment noch ganz andere Klippen zu bewältigen! …..

Du siehst, ich bin neugierig zu wissen, wie es um Dich steht - obwohl, das muss ich fairerweise auch sagen, ich unseren Kontakt nach Deinem langen Schweigen schon "abgeschrieben" hatte. Nun, es liegt an Dir, ob er weiter geht, der Kontakt im angemessenen Takt.

Viele liebe Grüße,

Paul

Es folgte eine jahrelange Korrespondenz von 2004 - 2011 (52 Briefe, Briefkarten, Geburtstagskarten und Emails von mir gegen 22 Emails von ihr), in der ich sie auf ihrem holprigen Lebens- und Leidensweg, gespickt mit verschiedenen Liebschaften, die jeweils bald scheiterten, und einer sporadischen Annäherung an ihren Noch-Ehe-Mann freundschaftlich begleitete.

Mein mehrfaches Angebot einer Wahlgeschwisterschaft zwischen uns ignorierte sie stets, bis sie mir auf meine ausdrückliche Anfrage hin zu verstehen gab, dass sie dies nicht wollte. Unsere Kommunikation lief meist nach dem etwas zähen PEPP-Muster ab: Paul-Else-Paul-Pause. Meinen Wunsch, es in der lebendigeren PEPE-Form zu vollziehen, überging sie ohne Kommentar. Zunehmend fühlte ich mich von ihr nur für ihre Belange benutzt und so begann seit Herbst 2007 ein Ringen in mir, ob ich die Beziehung weiter führen oder beenden sollte. Im Juli 2010 schrieb ich ihr:

Liebe Else,

nachdem ich nun über 4 Monate nichts mehr von Dir gehört habe... nachdem Du auf meine letzte Briefkarte vom Feb. 2010 nicht mehr geantwortet hast... nachdem Du Dich auch schon im letzten Jahr kaum noch gemeldet hast... nachdem ich Dich über anderthalb Jahre bitten, ja anbetteln, musste, mir doch meine Karten und Briefe aus der Zeit von 1997 – 2004 zum Kopieren zu schicken, bis Du mir endlich wenigstens die Karten – ziemlich lieblos in einem Umschlag Deiner Geschäftsstelle mit einer offiziellen Geschäftsstellen-Gruß-Karte – zugesandt hast... nachdem... nachdem... (ich könnte noch Etliches aufzählen) ... habe ich den massiven Eindruck, dass Du unsere Beziehung (oder wie man das noch nennen soll?) langsam schleichend einschlafen lassen willst. Nun, dies ist Dein gutes Recht! Nur die Art und Weise wäre ziemlich feige... falls Du das wirklich so vorhattest?!

Und nachdem mich nun einige Träume „heimgesucht bzw. mir heimgeleuchtet" haben, die mir andeuteten, dass ich in meiner Sympathie Dir gegenüber Dich völlig überschätzte und deshalb mit einer solchen Reaktion rechnen musste, habe ich mich schweren Herzen entschlossen, nun meinerseits explizit die Beziehungsanfrage zu stellen. Willst Du eine Beendigung? Dann wäre ein Feed-Back sehr hilfreich. (Die nachfolgenden Gedichte stammen aus meinem letzten Harz-Urlaub vom 15.05 – 29.05.10, in dem ich mich intensiv mit dieser Angelegenheit auseinander- und wieder zusammengesetzt habe. Sie sind nur stimmungsbedingte Momentaufnahmen!) Falls ich nichts mehr von Dir höre, gehe ich davon aus, dass mein eindrücklicher Verdacht richtig war.

Etwas ratlos und traurig, aber doch entschlossen zu einer Klärung, grüße ich Dich, wie immer, herzlich,

Paul

Januar 2010 - Traum vom Kasten „Wasser des Lebens" für Else und mich

Mit Else wandere ich zur Quelle vom „Wasser des Lebens". Dort angekommen, trinken wir ausgiebig aus dieser besonderen Lebensquelle und stärken unsere Seelenkräfte. Dann stellen wir mit Bestürzung fest, dass wir vergessen haben, Wasserkanister mitzubringen, um auch in Zukunft dieses belebende Wasser trinken zu können.

Als wir - enttäuscht über unser Versäumnis – schon in unseren Alltag zurück wandern wollen, gibt uns ein Hüter der Quelle zu verstehen, dass man sich modernisiert habe und nun auch über abgefüllte Flaschen mit Wasser des Lebens verfüge. Er schenkt uns einen ganzen Wasserkasten mit 24 Flaschen, den wir hocherfreut entgegen nehmen, uns herzlich bedanken und uns auf den Rückweg machen. Gemeinsam tragen wir den recht schweren Wasserkasten. Nach einer Weile wird Else die Tragelast zu schwer. Sie setzt den Kasten ab und weigert sich, ihn weiterzutragen. Auf meinen Vorschlag, die Trageseiten zu wechseln und so den bisherigen Tragearm zu entlasten, geht sie nicht ein. Sie will den Kasten einfach nicht mehr weiter mitschleppen und ohne ihn und seine wunderbare Füllung in ihren Alltag zurückkehren. Ich versuche sie mit meiner ganzen Redekunst davon zu überzeugen, dass dieses Vorgehen für sie ein Versäumnis sei, was sie später sicherlich bereuen würde. Sie aber bleibt stur und will unbedingt ohne diese belebende Kostbarkeit zurück in ihren Alltag gehen. Wenn sie ihre Absicht in die Tat umsetzt, werden wir den Kasten zurücklassen müssen, denn allein kann ich ihn nicht tragen. Dann wäre nur noch eine Wegzehrung von zwei Flaschen für jeden möglich und dies wäre die schlechteste Lösung. Während wir noch darum ringen, was jetzt geschehen soll, erwache ich aus diesem Traum und bin recht traurig über Else`s Weigerung, dies Geschenk mitzutragen und in unserem jeweiligen Alltag sich auswirken zu lassen.

Wohl-Gescheitert?

Ach, Else!
Ist es nun vollbracht?
Beendet jenes lange Werben,
das sich um Dich in mir entfacht?
Steh` ich vor seinen Scherben?

Trotz Weigerung,
Dich einzuschwingen
in den geschwisterlichen Part
ließ ich es häufig Dir erklingen
in freundlich kreativer A R T .

Doch bin ich damit wohl gescheitert!?
Dein J e i n ist stärker als mein J A !
Obwohl sie mich nicht grad` erheitert,
die E i n s i c h t scheint jetzt offenbar:

Ach, Else! Ist es nun v o l l b r a c h t ?
Vergeblich wohl mein langes Werben,
das ich in mir um Dich entfacht?
Was bleibt sind seine Scherben?

Abschiedstrunk

Mein *Angebot, Dich nun zu krönen
zu einer Schwester meiner Wahl
und Dich entsprechend zu verwöhnen
im Freudenrausch, im Trauertal,
hast Du nicht einmal ausgeschlagen,
geschweige denn nur kommentiert.
Du hast es einfach ignoriert und
angemessene Nachfragen
durch Nichtbeachten
abgeschnürt.
So
aus-
gebremst
und abgeblitzt
hat mich Enttäuschung
angeritzt. Es hat,
was ich Dir
zu-
ge-
mutet,
sich in mir
schmerzlich ausgeblutet
und MICH, der DIR den Ring
geschmiedet, in MIR von Dir verabschiedet.

(*Brief vom 30. März 2007)

Liebe Else,

nach dem Erhalt meiner letzten Briefkarte hast Du Dich nach einer Weile telefonisch bei mir über den Anrufbeantworter meines Praxistelefons gemeldet und um ein Klärungsgespräch gebeten.

Da ich telefonische Klärungen in einem solchen Fall für wenig hilfreich halte – sie verhärten oder verharmlosen zu schnell und klären deshalb meist nichts - und da ich noch den schalen Nachklang unseres letzten Telefonates in Erinnerung hatte, das mehr ein Info-Geschwätz als ein Gespräch war, habe ich mich davon abgehalten, wieder zu diesem Mittel zu greifen.

Allerdings ist Deine Klärungsanfrage in den Tagen danach auf fruchtbaren Boden gefallen, hat mich a u f g e k l a r t und nun endgültig klar sehen lassen.

Hier das Ergebnis in der Weise, wie ich es am besten ausdrücken kann, als Gedichte:

Gestalt-Wandel

Im Kontakt mit Deinem-WESEN
hab` ich einstmals E S gelesen,
WER-WIR-EIGENTLICH doch sind:
WELTen- MENSCH und GEISTES-Kind!

Mein Bemühen, Dich ein-zu-schwingen,
in Jenes, was ich NUN gewahrte,
als ES - SICH - MIR aufklarte,
schien bei Dir nicht anzuklingen
trotz so manchem Probelauf,
musste deshalb wohl miss-
lingen, zielverfehlt im
Ausverkauf.

Wer nicht
hören will, ertaubt,
bis Betäubung dann erlaubt,
selbst sich damit zu betören
UNERHÖRTES nicht zu hören,
sein Geschenk nicht zu gewahren
und nur weiter fortzufahren in
gewohnter Alltagstrance
ohne irgendeine Chance,
einmal aus ihr zu erwachen,
sich nun endlich aufzumachen
ins LEBENDIGE im Leben.

Adieu, Else!

Seit der Begegnung in der Kur
proben wir die Schieflage.
Jeder fährt auf seiner Spur!
Keiner möchte diese Tour!
Jedem stellt sich seine Frage
anders an die schiefe Lage.

Dir bin ich ein Kur-Bekannter,
der als Schwester Dich erwählt,
der sich übt` als Wahlverwandter,
wenn auch ein von Dir verkannter,
weil nur Wahlverwandtschaft zählt.

Dieses Angebot zur Güte
hast Du stets nur ignoriert.
Auch wenn ich mich noch so mühte,
Dir als Wahl – Bruder erblühte,
hast Du`s zwar bei mir geschürt,
selbst jedoch nicht ausprobiert.

Und hierin liegt, ganz ohne Frage,
der Grund für unsere Schieflage,
die ich nun nicht mehr mittrage
mit ihrer subkutanen Plage.

**Bekannter kann ich Dir noch bleiben
und Dir auch ab und zu noch schreiben,**
doch nicht mehr in vertrauter Weise:
Die ist gescheitert – still und leise!

Kein WESENs-Weg

Nach-
dem Du mir in
all` den Jahren durch
S E L B S T
-verweigern-
des
Gebaren
gezeigt hast,
wie Du hennengleich Dich leben willst
im Hühner – Reich, obwohl
im W E S E N Adlerin
mit einem adeligen Sinn,
der Dich ins Adler-Edle ruft
und nicht als Henne nur einstuft,
hab ich mein stetes Mich-Bemühen
beendet, mich Dir zuzuneigen,
um Dir Dein Wesen aufzuzeigen.
Du ließest Dich von mir
nicht locken,
im A D L er-
I G E N
an-
zudocken,
hast nur den
Hühnerstall getauscht,
mit neuen Hähnen Dich berauscht
auf Deinem Weg zur Oberhenne.

Das war`s dann wohl!

Ich
glaub`,
Du hast die
WIRKLICHKEIT,
die eine Weile uns geschah,
stets überblendet zu der Zeit,
als sie für uns bedeutsam war.
Du hast Dich nur
mit Dir bestäubt,
das sehe ich jetzt
deutlich klar,
und hast Dich so
nur selbst betäubt!

Das war`s dann wohl!

```
H A L L E L U J A
  A L L E L U J
    L L E L U
      L E L
        E
      L E L
    L L E L U
  A L L E L U J
H A L L E L U J A
```

Damit Du meine Entwicklung mit ihrer jetzigen Entscheidung verstehst, habe ich Dir unsere gesamte Korrespondenz seit der Wiederaufnahme im Jahre 2004 zusammengestellt und zugesandt.
Lies sie noch einmal durch und versetze Dich einfach in mich hinein, so als hättest Du meine Briefe, Karten und Texte geschrieben und höre von dort aus auf Deine Antworten und

Ausführungen und frage Dich, ob das, was ich jetzt vollziehe nicht längst überfällig war. Das Ganze wird für sich selber sprechen.
(Davon abgesehen, hast Du schon mehrfach geäußert, Du könntest Deinerseits einen möglichen Abbruch der Beziehung durch mich sehr gut verstehen. Seit dem Herbst 2007 ringe ich mit mir – und in der Korrespondenz zum Teil auch mit Dir darum, ohne irgendeine nennenswerte Reaktion von Dir!)

Für Deine Stellung zu mir ändert sich eigentlich nichts, wenn Du das Angebot aus dem Gedicht „Adieu, Else!" annimmst:

**Bekannter kann ich Dir noch bleiben
und Dir auch ab und zu noch schreiben,**
doch nicht mehr in vertrauter Weise:
Die ist gescheitert – still und leise!

Wenn nicht, verabschiede ich mich von Dir und wünsche Dir für Dein weiteres Leben (auch für Deine Wieder-Annäherung an Deinen Noch-Ehe-Mann) alles Gute - und eine größere Achtsamkeit, wenn Dir noch einmal so jemand wie ich über den Weg läuft,

Paul

Köln*, den 13.08.2010

Liebe Else,

nachdem ich Dir am 24.07.2010 unsere Korrespondenz von 2004 – 2010 (52 Briefe, Briefkarten, Geburtstagskarten und Emails von mir gegen 22 Emails von Dir) zugesandt hatte mit der Begründung, warum ich die **SChief**lage unserer Beziehung beende, erwartete ich eigentlich keine Antwort mehr von Dir, denn ich rechnete mit Deinem Ignoranz-Reaktionsmuster.

Dazu verfasste ich folgendes Gedicht:

Schatten-ART
oder
Mustergültig

Sie wirft ihrem Ehemann
vor, sie stets zu ignorieren,
rennt sie gegen seine Art an,
sie zu reg-le-men-tie-ren.

Klagt sie aber jemand an
wegen Mangel-Resonanz,
reagiert sie wie ihr Mann
ausnahmslos mit Ignoranz.

Dieses ist voraussagbar!
So kann man sie dirigieren
und damit ins Abseits führen!
Wann wird ihr das endlich klar?
(29.07.10)

Als dann Deine kurze Antwort vom 04.08.2010 per Email eintraf, bestätigte sich mein Ignoranz-Verdacht auf andere Weise: Du schreibst in einem kurzen Satz, Du könntest meine Entscheidung verstehen, unsere Beziehung zu beenden. Das war`s also?! Keine Stellungnahme, weder ... noch! Einfach nichts! Totale Ignoranz gegenüber meinem Ringen und meinen Anfragen, meinen Antworten! Kein Kommentar!

In einem zweiten Satz bedankst Du Dich höflich und förmlich
für meine jahrelange briefliche Zuwendung, Gruß und fertig!

Meine ENT-Täuschung machte sich in ersten Gedichten Luft:

Perlen vor den Säuen

Meine
jahrelang
geduldigen Versuche,
mich mit Dir an dEINEM-WESEN
zu erfreuen, mussten
wohl misslingen,
ich verbuche
sie jetzt unter
„Perlen vor den Säuen"!

Ent-Wahnung

Ach,
ich erlag
wohl einem Wahn
zu glauben, dass im Entenreich
sie sei, was sie nicht ist: Ein Schwan!
Und nicht ein Entlein, das verwahnt
für das sich hält, was es nie wird,
ein Schwan, wie mir nun
schwant!

Ich hab`s
von Anfang an
geahnt, doch leider
nicht bei ihr
geahn-
det!

Das nächste Gedicht stammt aus meinem letzten Urlaub, in dem ich mich intensiv mit unserer Angelegenheit auseinander- und wieder zusammengesetzt habe. Es war allerdings nur eine stimmungsbedingte Momentaufnahme, die ich Dir nie zusenden wollte, die mir aber in meiner ent-täuschungsaktiven Reaktion nun wieder als bittere Absch(l)usspille in die Hände fiel:

Nur noch virtuell

Du bist
in mir seit langem schon
nur virtuell noch interessant.
Ansonsten wären Spott und Hohn
in mir längst außer Rand und Band.

Ein gauklerisches Ego - Spiel
durchtönt Dein angefressenes
Leben. In Frage steht
Dein Lebensziel:
Viel nehmen und
kaum etwas
geben!

Als
mögliche
Roman - Figur
bist Du für mich
auf Deiner Spur noch
von Bedeutung. Deine Tour
führt mitten in die Tragikspur.

Das zu beschreiben reizt mich noch
an Deinem egomanen Joch
mit allen möglichen Sentenzen
und allen letzten Kon-
sequenzen.

Doch schon in den nächsten Tagen änderte sich meine Stimmung radikal und ich machte eine Schnelltransformation durch, die mich selber wunderte.

**Die
Kreuzigung
durch
die Ent-täuschung wandelte
sich
in eine
Auferstehung aus
der ENT-Täuschung
in die Präsentalität******

Ich dokumentiere Dir hier die Ergebnisse:

Foerdern

Die
menschen-menschliche
geschwisterlich adelige Liebe
fordert vom Liebenden,
nicht zu fordern,
sondern
nur
zu
foerdern
weil auch er von
ihr stets gefoerdert wird.
(07.08.10)

Bewirtung

F o e r d e r n
als   Bewirten
ohne Forderung
ohne   Erwartung
ohne   Bewertung
ohne   Befürchtung.
Dieses ist die ent-täu-
schungsfreie Ebene, also
letztlich die täuschungsfreie.
(07.08.10)

Umkehrblick

Ich habe Dir aus mangelnder Achtsamkeit – ohne es bewusst zu wollen - durch „briefliche Injektionen" Deine Freiheit ein zu schränken versucht, Dich zu ändern, wann es (in) Dir notwendig erscheint und nicht wann ich es will.
Ach, ich wollte unbedingt, dass Du Deine Haltung änderst und mich „als Wahl-Bruder adoptierst". Da Du es aber ignoriert hast - aus welchen Gründen auch immer, die ich nicht anzutasten habe - hast Du Dich dem Wunsche entzogen und mich damit doch sehr enttäuscht.
Doch halt!
Nicht Du hast mich enttäuscht, ich hab` es selbst getan durch meine liebesintensive Erwartung an Dich und Deine wie auch immer begründete Verweigerung meiner Wunscherfüllung.

> **Ich seh` es jetzt:**
> **Ich hab` mich selbst enttäuscht!**
> **Ich nehme die Erwartung zurück**
> **und werde Dich in Zukunft**
> **in meiner ART bewirten,**
> ohne etwas zu erwarten,
> ohne etwas zu bewerten,
> ohne etwas zu befürchten,
> **falls Du es denn auch noch willst:**

Ich werde Dich foerdern - ohne etwas zu fordern!

Das ist der präsentale WEG**, den ich schon lange propagiere, und den ich scheinbar jetzt erst nach unserem Beziehungsende nun deutlich auch für mich gewahre.

Doch halt!
Beendet ist ja nur
die Alte-Art unsere Beziehung,
erwartungsvoll,
bewertungsstark,
befürchtungsschwanger.

Zum Glück ist sie beendet!

Denn was sich jetzt entfalten kann,
ist eine präsentale Beziehung,
die ich Dir nunmehr anbiete:
Eine Beziehung in Präsentalität:

Präsent sein, ein Präsent sein,
Bewirtung ohne Erwartung
und ohne Bewertung und
auch ohne Befürchtung:
Kein WENN ... DANN
und kein UM ... ZU mehr!
Was meinst Du dazu?
(07.08.10)

Im WIR-PRÄSENT

Sie wurde mir einst präsentiert
als ein Event und ein Präsent.
Zuerst wurd` ich dazu verführt,
sie anzuseh`n als Präsent-Event.

Doch das Eventische zerbrach!

Ich schaute sie NUN als Präsent,
das mich in ihrem INBILD ansprach
und mich beschenkte mit Advent,
der Wartezeit zum WIR-PRÄSENT:

Um Aufzuwarten-Und-Abzuwarten,
in Ungeduld nicht zu entarten:
Bis ES-SICH endlich PRÄSENTiert,
was mich einstmals zu ihr geführt.
(09.08.10)

V E R W E S ENTLICH U N G

Welche Schläge
müssen Dich noch treffen,
bis Du **an**geschlagen endlich **auf**hörst,
das ge-stelz-te Leben nach-zu-äf-fen
mit dem Du seit jeher Dich betörst.

Welches Unheil
musst Du noch erleiden,
bis Du **auf**gibst, Dich stets **aus**zurichten,
Dich den jeweils angesagten Freuden
auszusetzen statt Dich aufzurichten.

Welche Knoten
musst Du noch entbinden,
bis Du **aus**gelöst es nunmehr **ein**löst,
dem Verstrickenden Dich zu entwinden,
dem, was Dich in Luxushaft ver-west.
(10.08.10)

Ent-TÄUSCHUNG

Oh, welch ein Glück, dass Du mich so enttäuscht hast!
Ich hätte sonst den Täuschungen noch länger geglaubt
und mir in meiner selbstbejahten Blendung erlaubt,
Dich weiter zu hofieren wie einen teuren Gast.

Du hast mir diesen Täuschungsstar in Deiner Art gestochen.
Im Trennungsschmerz ernüchtert, hab ich dies bald durchschaut.
Obwohl es mir noch manches Mal vor der Enttäuschung graut:
Sie hat nur Das-Mich-Täuschende, jedoch nicht mich gebrochen!

Ent-täuscht zu sein bedeutet ja, die Täuschung ist durchleuchtet:
Die angemaßte Prachtgestalt war doch nur Projektion!
Auch wenn mir dieses manchmal noch im Schmerz die Augen feuchtet:
Ich leb` jetzt freier nach dem Bruch dieser Illusion!
(10.08.10)

(Die beiden letzten Gedichte sind nicht speziell für Dich geschrieben, sondern sie sind eine grundsätzliche Konfrontation mit den Phänomenen Verwesentlichung und ENT-Täuschung)

Meine Annahme (13.08.10)

Meine Annahme Deiner hast Du meiner Ansicht nach mehr oder weniger wohlwollend hingenommen.
Meine Anfrage aber zur Vertiefung wechselseitigen Angenommenseins hast Du einfach übergangen und beharrlich ignoriert.
Dieses trotzdem anzunehmen – hinnehmbar ist es nicht – und Dich weiter anzusprechen ohne eine Forderung nach der Antwort Deinerseits ist mir nur noch möglich in der radikalen präsentalen Einstellung zu Dir, die mir bei der Initiation, der Begegnung Deines WESENs, in der Winterkurenzeit einstmals widerfahren ist und bisher als Hintergrundstrahlung nachgeschwungen hat.
Ob ich Dich damit jedoch nicht genauso überfordere, wie ich Dich gefo(e)rdert habe, scheint mir fraglich und fragil.
Deshalb hab ich mich entschieden, Dir auch dies in Zukunft nicht zuzumuten, es sei denn - wider meine Einschätzung - Du würdest Dich noch einmal engagieren wollen als Empfängerin meines „brieflichen Gebräus", ohne Dich vom Foerderlichen überfordert zu fühlen.

Dies jedoch erforderte zumindest eine Rückmeldung!?

„Nun steh ich da, ich armer Tor!"(Goethe),
Doch seh` ich klarer als zuvor.
Was soll nun aber bloß geschehen?
Wie wird es denn jetzt weitergehen?

Und nu`
kommst Du!

Ein präsentaler Gruß,
Paul

Ausklang im Nachklang

Köln, den 17.03.2011

Liebe Else,

unsere Begegnung während der Winterkur in Bad Meinberg* 1997 jährt sich zum vierzehnten Male. Ich nehme dies zum Anlass, Dir noch einmal als der zu schreiben, DER ich FÜR-DICH hätte sein können, der Wahlbruder, der für Dich in Deinem zukünftigen Leben in geschwisterlicher Weise hätte DA(nk)sein können, hättest Du es wirklich zugelassen. Dein hartnäckiges, ignorantes Ausblenden meiner Anfragen in dieser Hinsicht hat für uns „das Lebensprojekt Wahlgeschwisterschaft" scheitern lassen.

In unserer Geschichte bist Du für mich von Anfang an eine exemplarische Frau gewesen, an der ich Ent-Täuschung habe lernen können. Am Ende ist mir klar geworden, dass nicht Du sondern ich mich ent-täuscht habe, weil Du meine Erwartungen auf ein gemeinsames wahlgeschwisterliches LEBEN-im-Leben nicht erfüllen wolltest, was ja Dein gutes Recht war.

Im Folgenden schildere ich Dir meinen Rückblick auf unsere Begegnung in der Kur und die sich daraus ergebende, letztlich zum Scheitern verurteilte Geschichte:

Am Dienstag, den 25.02.1997, Deinem Ankunftstag in der Kur, platzierte Dich das Küchenpersonal im Speisesaal an den Nachbartisch. Mein Eindruck in den ersten Tagen Deiner Anwesenheit war: Eine hübsche, wohlgestaltete Frau Mitte bis Ende Dreißig, etwas distanziert und unterkühlt – also nichts für mich, der ich mich mit schönen kühl-distanzierten Frauen immer etwas schwer getan habe.

Meinen ersten recht ambivalenten Kontakt mit Dir hatte ich am Mittwoch, den 04.03.1997. Du tauchtest – etwas verspätet – in meiner vorabendlichen Veranstaltung „Heilende Bücher" auf, in der ich auch meine Music-Textivals zu einigen der Bücher präsentierte. Du hörtest freundlich und aufmerksam zu, stelltest intelligente Fragen und verschwandest vor dem Ende der Büchervorstellung wieder. Von Deiner Erscheinung angetan, über Dein Interesse erfreut, über Dein Verhalten, zu spät zu kommen und zu früh wieder zu gehen, etwas befremdet, traf ich Dich am gleichen Abend nach dem wöchentlich Filmbesuch wieder.

Ich saß mit den Leuten vom „Dorfplatz" meiner Station in irgendeiner Gastwirtschaft zusammen, als Du Dich zu uns geselltest. Da man Dich kaum beachtete - Du hattest Dich etwas abseits in meiner Nähe platziert – sprach ich Dich an und erlebte nun anstelle der stattlichen Frau ein kleines traurig-einsames Mädchen, das mich im Zusammenhang mit meinen Music-Textivals ziemlich eltern-ich-haft über seine eigenen vor allem musikalischen Erfahrungen belehrte. Nach diesem Gespräch oder eher nach dieser Belehrung, hatte ich wenig Lust, weiter mit Dir in Berührung zu kommen. Der Erstkontakt war enttäuschend verlaufen und verlangte nach keiner Wiederholung. Dies war meine erste Ent-Täuschung mit Dir!

Am darauf folgenden Samstag sprachst Du mich nach dem Frühstück an, ob ich Dir bei Deinen Problemen auch einmal „aktiv zuhören" könnte. Nach mehreren Tagen des intensiven Zuhörens während verschiedener Spaziergänge hatte ich den Eindruck, von Dir nur „benutzt" zu werden: Dein Interesse an mir bestand nach meiner Wahrnehmung allein in meiner Beraterfunktion, nicht aber an mir als Menschen. Als Du mich dann noch Mitte der Woche zu Beginn der Klinikmitarbeiter-demonstration ziemlich kalt abblitzen ließest - so als ob Du mich gar nicht kennen würdest, denn es waren noch Stations-genossinen bei Dir - und auch ein weiterer Annäherungs-versuch meinerseits während des Demonstrationsmarsches von Dir ziemlich unterkühlt abgeblockt wurde, beschloss ich, den Kontakt mit Dir zu beenden.

Nach dieser zweiten Ent-Täuschung trafen wir uns dann am nächsten Tag nach dem Mittagessen auf den Klinikfluren. So als sei gestern nichts gewesen, fragtest Du mich freundlich, ob wir wieder einmal einen Zuhörspaziergang machen könnten. Eigentlich wollte ich Dir absagen, zögerte aber eine zehntel Sekunde zu lange. Und diese zehntel Sekunde Zögern änderte meinen Weg mit Dir und auch mit mir! Ich weiß noch, wie ich an diesem Nachmittag, während ich mir die Schuhe für den gemeinsamen Waldsparziergang anzog, Dich virtuell laut ansprach mit: „So aber nicht, Else Testlauf!" *

Im Laufe des Spazierganges verstärkte deine Selbstinszenierung meinen Entschluss, den Kontakt mit Dir endgültig zu beenden. Meine Motivation, nur als begleitender Berater für Deine Sorgenlage von Dir „benutzt" zu werden, sank gegen Null. Am folgenden Wochenende wollte ich die Gelegenheit suchen, es Dir möglichst schonend beizubringen. Der nächste Tag, ein Freitag, brachte eine überraschende Wende. Wir waren abends ausgegangen und hatten uns in einer ziemlich überfüllten Eckkneipe voller Rauch und lauter Musik niedergelassen, um etwas zu trinken. Das Flair schien Dir sehr gut zu gefallen, während es mich an meine anstrengende Sozialarbeit im jugendlichen Punk-Cafe erinnerte. Mein Widerwillen gegen dieses rauchige, laute Kneipenfluidum stieg und erzeugte bei mir zunehmend Atembeschwerden und Kopfschmerzen. Nach einer Weile beschloss ich, diesen Abend mit Dir in spätestens zehn Minuten zu beenden, diesen für Dich anheimelnden, für mich aber widerlichen Ort zu verlassen und mich in die Kurklinik zurückzuziehen! Kurz bevor ich es Dir mitteilen und dann aufbrechen wollte, „geschah es"! Am Tiefpunkt meiner Stimmung kippte meine Wahrnehmung ins extreme Gegenteil und „ich gewahrte das Wesentliche von Dir, von mir, von uns." Ich „sah DEIN-INBILD" und war tief erschüttert und fasziniert. Ich „schaute Dich in Deinem WESEN, Deiner Einmaligkeit, Deiner Liebeswürdigkeit" ... ich könnte unendlich fortfahren, es lässt sich doch kaum wiedergeben.

Rudolf Otto, ein berühmter Religionswissenschaftler, hat die Begegnung mit dem Heiligen als „tremendum (Erzittern) und fascinosum (Erstaunen)" beschrieben. Ich „sah zugleich MEIN-INBILD und alles, was damit zusammenklingt, und ich schaute unsere mögliche Beziehung als einmalige" – wie ja jede Beziehung zwischen zwei Menschen einmalig ist. Und ich wusste sofort, dass ich die Begegnung mit Dir leben und nicht voreilig abbrechen sollte. Das habe ich dann auch versucht. Allerdings habe ich dieses hohe edle Niveau mitmenschlicher Liebe anfangs nicht halten können. Aufgrund meiner aktuell schleichenden Ehekrise bin ich ins erotisch Gefühlige abgerutscht und habe mich so auch in Dich verliebt. Doch das war aufgrund intensiver Bewusstheitsarbeit nach acht Wochen vorbei. Mein Versuch, dann das zarte, wertvolle Geschwisterliche mit Dir zu leben scheiterte allerdings an Deiner Weigerung und Deinem jahrelangen Verstummen. Ich habe es Dir in dem 2004 zugesandten Gedichtbändchen

„Verwunde(r)t" (Privatdruck von 2001) beschrieben. Darin verorte ich die dritte Ent-Täuschung mit Dir. Meine erneute Kontaktaufnahme mit Dir nach sieben Jahren und mein über sechsjähriges intensives Bemühen um Dich mit dem Wunsch, die uns in der Kur angebotene wahre Geschwisterlichkeit zu leben, zerbrach erneut an Deiner Ignoranz. Es ist meine vierte Ent-Täuschung mit Dir! Als ich dann mein Ringen „um uns" aufgrund Deiner beredsam-stummen Nicht-Signale und meiner inneren Traumbotschaften beendete, stürzte mich Deine knappe Reaktion (siehe meinen Brief vom 13.08.2010) noch einmal in eine tiefe Enttäuschung, die fünfte Ent-Täuschung mir Dir. Allerdings kippte diese Stimmungslage nach ein paar Tagen plötzlich in eine „Auferstehung aus dem Enttäuschungstod" und ich lernte - verwunde(r)t - , dass ich für meine Ent-Täuschungen mit Dir mitverantwortlich bin.

In meinem Brief vom 13.08.2010 – auf den Du nicht mehr geantwortet hast – habe ich es Dir ausführlich beschrieben. Ob Du es verstanden hast? Wie soll ich das wissen, wenn Du Dich verschweigst?!

Und fragst Du mich jetzt: War`s das?
so antworte ich Dir: Das war`s!

Paul

Köln, den 22.03.2011

Hallo Else!

Du fragst also ernsthaft an: *„Was genau möchtest Du überhaupt von mir?"*

Die differenzierte Antwort ergibt sich Dir, wenn Du unsere gesamte Korrespondenz, die ich Dir im letzten Jahr gemailt habe, noch einmal aufmerksam liest.

Kurz und knapp: Nach meiner INBILD-Erfahrung mit Dir am 14.03.1997 in der Kur habe ich Dir über Jahre immer wieder den **Modus A** angeboten, das liebevolle Angebot einer Wahlgeschwisterschaft.

Du hast meine Zuwendung gerne angenommen, die Resonanz in diesem Modus aber strikt verweigert.

Du hast mir geantwortet im **Modus B,** dem Modus einer freundlich-oberflächlichen Exkurbekanntschaft mit jemandem, der bereit war, Dir auch geduldig beratend zur Seite zu stehen. Hätte ich mich darauf eingelassen, wäre unser Kontakt vor Jahren schon erloschen.

Das enorme Potential von Modus A hat mich über Jahre animiert, Dir diesen primären Modus immer wieder schmackhaft zu machen, ohne Erfolg – denn, wie Du selbst schreibst, **wolltest Du ihn nicht – genauer: seinen Zuspruch schon, nicht aber seinen Anspruch!**

Seit dem Herbst 2007 ist er bei mir langsam ausgebrannt, nachzulesen in der Korrespondenz. Deshalb habe ich diesen vergeblichen Versuch beendet. Ein Kontakt in Modus B wäre dessen ungeachtet noch möglich, würde aber nach allem wahrscheinlich schnell im Sand verlaufen.

Deshalb ist es so besser! Das war`s also,
allerdings nur noch mit freundlichen Grüßen,

Paul

Köln, den 13.04.2011

Hallo Else!

Von wegen, ich hätte die Beziehung beendet! Du hast sie schleifen lassen - ich habe nur die von Dir inszenierte schleichende Beendigung bewusst gemacht und darauf angemessen reagiert! **Aber egal!**

Dies ist nun wirklich der allerletzte Brief, den Du von mir erhältst. Es geht in ihm auch gar nicht mehr um Dich, sondern um das tragische Phänomen, das ich in der „verwürglichten" Begegnung mit Dir erlebt habe:

**Die
Tragik
einer potentiellen,
zur Hälfte schon verwirklichten,
zur anderen Hälfte aber nur
verweigerten
Beziehung
auf einer tiefinnigen
wahlgeschwisterlichen Basis.**

Für dieses vorösterliche Nachbeben, dass sich in den beigefügten Gedichten spiegelt, **bist Du nicht der Grund, sondern nur der Anlaß!**
Ausgelöst durch das Scheitern unserer Beziehung im A-Modus: Wahlgeschwisterschaft, habe ich mich in den Texten mit den bitteren Folgen des Scheiterns auseinandergesetzt und möchte Dich als Auslöserin daran teilnehmen lassen. Du hast Dein **Begegnungsverweigerungsrecht** in Anspruch genommen, ob nun voll bewusst oder nur in Alltagstrance aus Bequemlichkeit. Ich erleide es an mir und reflektiere zugleich die Folgen. ...
In der Hoffnung, dass Du meine Texte wenigstens nachvollziehen kannst, grüße ich Dich trotz aller Bitterkeit ein letztes Mal freundlich,

Paul

DAS-HOLDE-WOHL

Du warst mir
einst ein Wohles-Hohl,
das ohne Wohl sich hohl erwies.
Doch DA geschah das HOLDE-WOHL,
das mich bei Dir seither nicht losließ.

Das Wohle-Hohl war nur die Hülle
für`s Holde-Wohl in seiner Fülle.
Sie sind als Paar nur dann vereint,
wenn Fülle durch die Hülle scheint.

Ich ließ von Dir mich auffrischen,
mein Holdes-Wohl Dir zu enthüllen,
den Wahlgeschwisterkelch zu füllen,
um ihn Dir liebend aufzutischen.

Gern hast Du meinen Trank genossen,
den Deinen aber nicht gereicht!
Das hat mich langfristig verdrossen,
die Liebe zu Dir aufgeweicht,
mein Holdes-Wohl Dir
wund geschossen.

Wie stets
hast Du es ignoriert!
Das Ende war vorprogrammiert!

Weil Dich das Sonnenlicht bewohnt

Ich wollte Dir doch Sonne sein
und wollt` mit meinem Sonnenschein
Dein Leben Dir geschwisterlich
auch mit erwärmen! (Bindestrich!)

Du hast mich nur als Mond gebraucht
in mancher dunklen schweren Nacht.
Ich hab Dich in mein Licht getaucht,
Dir manchen hellen Trost gebracht.

Auch Du solltest mir Sonne sein
und mir mit Deinem Sonnenschein
mein Leben wahlgeschwisterlich
erwärmen! (Zweiter Bindestrich!)

Dem hast Du Dich jedoch enthalten,
denn Du lebst selber nur als Mond.
Dein Licht kannst Du doch nur entfalten,
weil Dich das Sonnenlicht bewohnt!

Verlaufen

In vielem, was er mir gesagt,
auch in dem sehr um mich Bemühten,
hat er es manchmal angefragt,
was ich versuchte, zu verhüten.

Er wollte jene Innigkeit,
die sich in unserer Kur darbot,
auch weiter üben in der Zeit,
in der ich litt mit Not-im-Lot.

Ich schätzte seine ACHTsamkeit,
mit der er meine Not umfing.
Doch war ich nicht dazu bereit,
zu sein, so wie er mit mir umging.

Er bot mir an, in Fernbeziehung
die Wahlgeschwisterschaft zu proben.
Das aber fand ich viel zu eng
und meinem Leben zu enthoben.

Doch trug er es mir weiter an,
umwarb mich sanft mit seinem Maß
als ein ver-ständ-nis-vol-ler Mann,
den irgendwann Enttäuschung anfraß.

Er zeigte, wie enttäuscht er war
und warf mir die Enttäuschung vor.
Doch bald schon wurde es ihm klar,
dass die Enttäuschung, die ihn fror,
durch die Erwartungen gezeugt,
die er für die Beziehung hegte
und sich dafür ins Zeug legte.

Ich hab` mich ihnen nicht gebeugt,
so sehr er sie für uns auch pflegte.
Er hat sein Werben dann gekappt
und unseren Kontakt verknappt!

(Für Else geschrieben aus ihrer möglichen Sicht)

Noch ist die Trauer nicht gestillt

Ich ließ Bei-Dir-MICH-NEU beleben,
wollt` UNS in jenen Rang erheben,
der jetztseits liegt vom steten Raffen
der Welt in ihrem blinden Schaffen.

Mein Werben hat Dir gut getan!
Den Zuspruch hast Du angenommen!
Auf vorgespielter Lebensbahn bist
Du dem Anspruch stets entkommen!

Dem Anspruch, der im Zuspruch bebt,
vereint mit ihm zu wirken sucht,
erhört sich als Erfolg verbucht,
in dem sich Wunderbares webt.

Du hast es scheinbar nicht verstanden!
Wenn doch, dann warst Du nicht gewillt!
So kamst Du schleichend UNS abhanden!
Noch ist die Trauer nicht gestillt!

(25.03.2011- Rückfahrtag aus der Kur vor 14 Jahren)

Sporadisches Gedenken

WESENSVERWIRKLICHUNG
WESENVERWURGLICKUNG

Ich hab` IN DICH hineingesehen,
als mich DEIN-WESEN lichtete.
Du wolltest davor nicht bestehen,
als ich MICH IHM verpflichtete,

Dir präsentierte, was ich SAH:
DICH als Präsent im Deinigen
und so präsent im Meinigen,
sowie es mir IM-NU geschah.

Du wolltest nur mein Licht genießen,
Dein WESENSLICHT jedoch vernebeln.
ICH SAH: DEIN WESEN konnt` nicht
fließen bei Deiner Art, DICH auszuhebeln.

Was ich IN DICH hin-ein-ge-se-hen,
nachdem DU-MIR-IN-EINS geschehen,
DEM suchtest Du stets zu entgehen.
Du wolltest VOR IHM, MIT IHM,
IN IHM nicht bestehen.

Was hättest Du gewinnen können!

Was hättest Du gewinnen können,
hätt`s Du mich nicht verlieren lassen
auf meinem Weg, MICH Dir zu gönnen
im liebevollen UNS-Umfassen

in einer Wahl-Geschwisterschaft,
die uns seit unserer Kur geboten
als Ausweg aus der Ego-Haft,

um miteinander auszuloten,
was die Geschwisterschaft uns schenkt
mit dem , was tiefer uns umfängt.

Das hättest Du gewinnen können,
hätt`s Du Dich nicht verlieren lassen
auf Deinem Weg, DICH zu verkennen
und so DAS-UNSERE zu verpassen.

Zuschanden

Eines Tages,
wenn Du alt bist (ach,
das dauert nicht mehr lange!)
und verlassen und kein Halt ist,
und es wird Dir furchtbar bange,

wirst Du es vielleicht bereuen,
dass Du ausschlugst, was ich anbot:
Uns stets achtsam zu erfreuen
und bei - zu - stehen in der Not!

Denn ich wär` Dir treu geblieben
in der Wahl - Geschwisterschaft.
Doch Du hast es hintertrieben
und so hat es sie geschafft!

Scheinbar hast Du nicht gewahrt,
was Du leichtfertig verspieltest.
Und so blieb es Dir erspart,
wie Du doch daneben
zieltest.

Ach,
die Zeit treibt ins
Zuschanden! Alter kommt,
V e r l a s s e n h e i t !
Und dann bleibt es Dir
abhanden, wovon
Du Dich einst
befreit!

Was gewesen – was geschehen

Das Geschehen ist abgeschlossen!
Die Beziehung ist beendet.
Was einst war, ist längst verflossen!
Meine Sicht hat sich gewendet.

Was geschah, ist ausgestanden,
nur noch Asche ohne Glut.
Doch was war, ist noch vorhanden,
im Gewesenen akut.

Darauf richt` ich meinen Blick,
schau` nicht ins Geschehen zurück,
sondern auf`s Gewesene,
für uns Auserlesene.

Lass` mich in ihm aufrichten
und nicht am Gescheiterten,
doch längst Ausgeeiterten,
wehleidig mich ausrichten.

Weg gewischt?

Du
wirst mich sicher
nicht so schnell vergessen.
Ich habe Dir erwiesen, was es heißt,
lässt DU-DICH von Dir selber nicht erpressen,
auch wenn Du meist nur um Dich selber kreist.

Du wirst mich sicher nicht so schnell vergessen.
Ich ließ Dich spüren, wer D U wirklich BIST.
Das klingt für Dich wahrscheinlich jetzt vermessen,
doch nur weil DU DICH SELBER nicht vermisst.

Ich werde Dich wohl nicht so schnell vergessen.
DEIN INBILD hat mein Leben aufgefrischt.
Ich habe es Dir schreibend aufgetischt.

Doch wolltest Du das Nahrhafte nicht essen.
Hab` ich`s für Dich vielleicht falsch abgemischt?
Wie es auch sei? Es ist nun weg gewischt!

Köln, den 18.10.2012

Liebe Else,

am Freitag, den 24.08.2012, meinem Fast-Karfreitag, bin ich - ein paar Monate nach Rentenbeginn - „dem Tod noch einmal von der Schippe gesprungen". Eine schwere Beinvenenthrombose löste eine bedrohliche Lungenembolie aus, die mich als Notfall ins Krankenhaus beförderte.

Dort gewährte mir dieser Anlass Zeit und Muße, die wichtigsten Ereignisse und Personen meines Lebens Revue passieren zu lassen.

Dabei berührte mich noch einmal unsere Kurbegegnung mit meinem Widerfahrnis Deines einmaligen, einzigartigen, über alles liebenswerten WESENs *(siehe dazu auch den beigefügten Traum)* samt meines gescheiterten Versuches, mit Dir auf dieser WESENsebene eine Wahlgeschwisterschaft zu leben.

Bei der anschließenden Neuorientierung meiner umfangreichen Bibliothek fiel mir das Buch von Karl F., einem Deiner wichtigen Wegbegleiter, in die Hände, das ich mir zu den Zeiten, als Du bei ihm Selbsterfahrungsseminare absolviert hast, zulegte, um Dir zuliebe seine Sicht der Welt und des Lebens näher kennen zu lernen.
Als Zeichen meiner einstigen Verbundenheit mit Dir schicke ich es Dir zu und gratuliere Dir gleichzeitig zu Deinem Geburtstag mit allen guten Wünschen, die mir für Dich einfallen – und das sind im Blick auf DICH und Dein WESEN(sbild) eine ganze Menge!

Vielleicht kannst Du ja etwas damit anfangen?!? Ansonsten ab damit zum Bücherflohmarkt oder zum Altpapier.

Viele liebe Grüße,
Paul

Traum von der doppelseitig malende Porträtmalerin

Ich treffe im Traum mit einer sehr interessanten Porträtmalerin zusammen. Sie ist in der Lage, auf der Vorderseite einer von ihr präparierten speziellen Leinwand das Porträt einer Person zu malen. Dabei schafft sie es, das WESEN eines Menschen im Porträt sehr eindrucksvoll einzufangen und auszudrücken.
Auf der Rückseite des Bildes erscheinen aber jeweils - wie von Geisterhand gemalt – die jeweiligen zentralen Problemlagen der Person samt mitgemalter sinnvoller Lösungen. Ich bin davon sehr beeindruckt.
Szenenwechsel: In meinem Beisein malt sie nun Dein Porträt, aus dem Du in Deiner liebenswerten Einzigartigkeit entgegen strahlst. Auf der Rückseite entdecke ich dann das Bild einer recht weich gerundeten, molligen Mama und Oma etwa zwischen 50 – 60 Jahren mit für ihr Alter noch viel zu vielen ungelösten Kernproblemen. Hier scheint dringender Handlungsbedarf nötig zu sein, der aber von Dir als Gemalte, Gezeichnete scheinbar noch nicht gesehen wird. Ich weiß intuitiv, je länger Du die brachliegenden Lösungen meidest, desto schwieriger wird Dein weiteres Leben.

Dazu ein Gedicht:

Doppelseits
oder
Doppelseitige Symbolmedaille

Vorderseitig sanft und mild
das gemalte WESENsbild;
auf der Rückseite jedoch,
ins Porträt eingraviert,
das gezeichnete Joch
als leibhafte Offenbarung
aller zeichnenden Erfahrung
durch die Welt und
durch sich selbst
mit der innewohnenden
und sich still vertonenden
Forderung nach Lösungen durch
Foederung des (AN)WESENDEN.

Es entspann sich noch einmal eine mehrmonatige B-Modus-Korrespondenz, in deren Verlauf Else mir ihre berufliche Mobbing-Problematik und ihre schwierige Wiederannäherung an ihren Noch-Ehemann, verbunden mit psychosomatischen Leiden (Burnout mit wochenlangem Krankenhausaufenthalt und starken psychosomatischen Herzproblemen) schilderte und nach therapeutischen Möglichkeiten fragte.
Nach mehreren Versuchen, ihr brieflich klärende Hilfestellung zu leisten, hatte ich einen beeindruckenden Traum:

Von der heilenden Wirkung unserer Korrespondenz

Im Traum kommt mir eine verhutzelte, geschrumpfte, in sich verkrampfte und verzerrte, an sich und der Welt leidende Frauengestalt entgegen, die die Züge von Else trägt. Sie ist es und sie ist es auch nicht, so wie es in Träumen häufiger vorkommt, wenn der weisheitliche Traumweber eine grundlegende Botschaft über Traumsymbole mitteilen will. Es ist das Zerrbild einer solchen vom Leben verkrümmten und in ihm verkümmerten weiblichen Gestalt.

Weil sie mir leid tut, überreiche ich ihr die gesamte Korrespondenz samt Gedichtband „Verwunde(r)t" mit der Bitte, dies alles als ein ganzheitliches Heilmittel zur Einstellungsmodulation achtsam zu lesen.
<u>**Szenenwechsel:**</u> Die Traumgestalt hat alles gelesen und erscheint mir nun völlig verwandelt. Ihre psychosomatischen Leiden sind verschwunden und sie strahlt von innen her aus ihrem eingeborenen WESENsbild. Ihre leibliche Gestalt ist von allen Verkrümmungen und Verzerrungen befreit. Voller Liebenswürdigkeit und Freude kommt sie mit offenen Armen auf mich zu. Während ich dies staunend gewahre, wird mir klar, dass sich der Kern der überreichten Korrespondenz – die präsentosophische Sicht**- als heilsam erwiesen hat. Darin fühle ich mich bestätigt und es erfüllt mich nun meinerseits mit großer Freude.

**Bitter-
Süßer Kelch
der Präsentosofia

präsent-sein: Mit Bewusstheit
das Leben als Event erfahren
präsent-sein: In Bewusstheit
das LEBEN als Präsent gewahren
präsent-sein: Ein Präsent sein
Und in der Welt präsent sein
Und in ihr ein
Präsent
sein

**Prä-
sent
- O -
sofia**

**Mini-
mal Message,
but Maximal Massage!**

Ich teilte Else diesen Traum mit und empfahl ihr, unsere gesammelte Korrespondenz noch einmal gründlich zu lesen und in Ruhe wirken zu lassen.

erLESEN

Überlass` Dich nicht nur lau
dem Überlesen meiner Texte,
sondern lies sie sehr genau:
Die Gedichte laut und klar
und erlausch`, was Dir gewahr
wird, wenn sie derart Dir ertönen,
um Dich nicht nur zu verwöhnen,
sondern auch vom Weg zu künden
in befreite Lebensweisen,
die Dir im Gelingen münden
des doppelten Präsent(-)seins.

Sie hat es scheinbar angetestet. Ob es ihr aber geholfen hat, weiß ich nicht, denn sie zog sich bald wieder ins schon bekannte Verstummen zurück.

* Namen wurden aus Datenschutzgründen geändert!

Von jedem Vorbehalt befreit!

Ich werd`
das jährliche Gedenken
an unsere Winterkur nicht los.
Was sucht mich da mit sanftem Anstoß
zu dem Gewesenen hin zu lenken?

Ich weiß ja:
Was mit uns geschehen
ist längst vermodert im Vergehen.
Doch jenes, was GEWESEN ist,
es unterliegt wohl keiner Frist.

Und
fordert mich
stets zum Gedenken
an unsere Winter-Kuren-Zeit.
Ich lass` mich noch davon beschenken,
von jedem Vorbehalt befreit!

In der Reihe Edition LOS ist außerdem erschienen:

Band 1: Lasse Los: Im Staunen bin ich frei gesetzt - Gedichte, Lieder, Texte 2001 - Neuauflage 2015 BoD, Norderstedt   ISBN 978-3-7392-2180-9   als Paperback € 4,70